W0067535

Elke Werner

Ich glaube – hilf meinem Unglauben!

Das Buch zur Jahreslosung 2020

SCM
Hänssler

SCM

Stiftung Christliche Medien

SCM Hänssler ist ein Imprint der SCM Verlagsgruppe, die zur Stiftung
Christliche Medien gehört, einer gemeinnützigen Stiftung,
die sich für die Förderung und Verbreitung christlicher Bücher,
Zeitschriften, Filme und Musik einsetzt.

© 2019 SCM Hänssler in der SCM Verlagsgruppe GmbH
Max-Eyth-Straße 41 · 71088 Holzgerlingen
Internet: www.scm-haenssler.de; E-Mail: info@scm-haenssler.de

Soweit nicht anders angegeben, sind die Bibelzitate folgender Ausgabe
entnommen:
Das Buch. Neues Testament – übersetzt von Roland Werner, © 2009 SCM
R.Brockhaus in der SCM Verlagsgruppe GmbH, Witten / Holzgerlingen
Weiter wurde verwendet:
Lutherbibel, revidiert 2017, © 2016 Deutsche Bibelgesellschaft, Stuttgart.
(Lut 2017)
Neues Leben. Die Bibel, © der deutschen Ausgabe 2002, 2006 und 2017
SCM R.Brockhaus in der SCM Verlagsgruppe GmbH Witten / Holzgerlin-
gen. (NLB)

Lektorat: Mirja Wagner, Marburg, www.lektorat-punktlandung.de

Umschlaggestaltung: Miriam Gamper-Brühl, Agentur 3Kreativ, Essen
(www.3kreativ.de)
Titelbild: Shutterstock.com; Bild-ID: 1292928373; Nebula Cordata
Autorenfoto: Matthias Schüssler
Satz: Christoph Möller, Hattingen
Druck und Verarbeitung: GGP Media GmbH, Pößneck
Gedruckt in Deutschland
ISBN 978-3-7751-5978-4
Bestell-Nr. 395.978

Inhalt

Einladung zu einem Abenteuer

»Ich glaube; hilf meinem Unglauben!« So schreit es der Vater eines Jungen, als er vor Jesus steht.

Eine merkwürdige Zusammenstellung einer Zusage und einer Bitte. Im Herzen des verzweifelten Vaters findet sich in diesem Moment beides, die Aussage: »Ja, ich glaube …« und die Bitte »Hilf meinem Unglauben!« Darüber lohnt es sich, nachzudenken, denn oft genug befinden wir uns selbst genau in diesem Spannungsfeld zwischen Glauben und Unglauben.

Ein ganzes Jahr lang kann uns diese Bitte, die für das Jahr 2020 als Jahreslosung ausgewählt wurde, nun begleiten. Ob und wie intensiv, das liegt allein bei uns. An manchen Tagen werden wir die Bitte: »Hilf meinem Unglauben!« sehr gut nachvollziehen können und uns selbst fragen, was wir glauben, was wir nicht glauben können und ob unsere Zweifel berechtigt sind. An anderen Tagen werden wir fröhlich und voller Überzeugung mitsprechen können: »Ich glaube!« und gerade diese Festigkeit in uns als sehr befreiend erleben.

Wie wäre es, wenn wir diese Jahreslosung zu unserem eigenen Gebet und uns dadurch eins mit dem Vater eines kranken Jungen machten, der einst diese ehrliche Bitte an Jesus gerichtet hat: »Ich glaube, hilf meinem Unglauben!«? Ein Abenteuer würde beginnen. Ich lade Sie dazu ein.

1. Glaube ist nicht gleich Glaube

Glaube ist ein fester Bestandteil unseres Lebens. Damit meine ich zunächst einmal nicht den Glauben an Gott. Es ist im täglichen Leben notwendig, Dinge zu glauben, sie für wahr zu halten, sich auf sie zu verlassen, auch wenn wir sie nicht beweisen oder selbst überprüfen können. So glauben wir dem Busfahrer, dass er einen Führerschein hat und den Bus sicher ans Ziel lenken kann. Wir vertrauen dem Statiker, dass das Haus, in dem wir leben, nicht schon bald in sich zusammenfallen wird. Wir glauben dem Arzt, der die Diagnose stellt, und nehmen voller Vertrauen das Medikament, das er verordnet hat. Wir glauben Menschen unseres Vertrauens, dass sie uns lieben und es gut mit uns meinen. Ohne diese ständig präsente und alltägliche Form des Glaubens könnten wir nicht leben. Aus diesen wenigen Beispielen geht hervor, dass Glaube eine Sache des Vertrauens ist. Wir vertrauen jemandem und deshalb können wir glauben, was er oder sie sagt.

Bei dem vielen Wissen, das wir uns in bestimmten Bereichen unseres Lebens aneignen können, bleibt jedoch immer noch ein großer Bereich des Nicht-Wissens und Nicht-Verstehens. Und dieser Bereich ist der des Vertrauens, des Glaubens.

Was die Leute über den Glauben sagen

»Ich glaube an das Gute im Menschen.« So hört man viele Menschen unserer Zeit sagen. Doch je älter man wird, je mehr man von Menschen gesehen und erfahren hat, desto weniger lässt sich dieser Glaube an das Gute im Menschen halten. Im Gegenteil. Die Erfahrung macht uns eher misstrauisch.

»Ich glaube nur, was ich sehen und anfassen kann«, sagen andere. Doch wie kann man Liebe oder Freude sehen oder anfassen? Man kann ihre Auswirkung in Menschen sehen, aber sie sind weder naturwissenschaftlich beweisbar noch allein mit der Vernunft erklärbar. Sie haben mit Beziehungen zu tun und sind deshalb nur subjektiv erfahrbar und in den Reflexionen und Reaktionen im Leben eines Menschen zu erkennen.

»Glaub nicht alles, was man dir erzählt.« Das ist ein guter Rat. Denn Fakt ist: Man kann uns viel erzählen. Doch nicht alles ist wahr und nicht alles ist richtig. Oft werden Informationen gezielt so gestreut, dass ein bestimmtes Denken oder Verhalten beim Empfänger der Nachricht erreicht werden soll. Es ist ein Phänomen unserer Zeit, verstärkt durch unsere Medien, dass wir zunehmend mit sogenannten Fake News, also mit falschen Behauptungen, konfrontiert werden. An manchen Stellen hat man den Eindruck, dass die Gesellschaft durch gezielte Desinformation manipuliert und dadurch letztlich im Sinne des vermeintlichen Mainstreams der Gesellschaft umerzogen werden soll. Und das ist nicht neu: Lüge und Betrug haben in der Geschichte der Menschheit oft erreicht, dass Menschen sich einer anderen Person, einem religiösen Führer oder einem Despoten komplett anvertraut haben und am Ende dann bitter enttäuscht wurden. Gezielte Propaganda hat oft genug dazu geführt, dass Menschen zerstörerischen Ideologien nachgelaufen sind, die erst durch den Verlauf der Geschichte eine Korrektur erfahren haben. Anders kann man sich das Entstehen des Nationalsozialismus, aber auch so manche gesellschaftliche Entwicklung unserer Tage nicht erklären. Leichtgläubigkeit ist gefährlich, Misstrauen scheint angebracht.

In der deutschen Sprache finden wir noch eine weitere Verwendung des Wortes »Glaube«. Man sagt: »Ich glaube, es wird heute noch regnen.« Was damit gemeint ist, ist keine Aussage etwa einer Religionszugehörigkeit, sondern man spricht über eine Wahrscheinlichkeit. »Ich glaube« heißt in diesem Fall so viel wie: »Ich vermute«. Doch das hat mit dem Glauben, um den es in der Jahreslosung geht, sehr wenig zu tun. Im Glauben an Gott geht es um Vertrauen, um eine Beziehung, um ein festes Fundament, nicht um vage Vermutungen.

Glauben heißt: Eine lebendige Beziehung leben

Wem kann ich vertrauen, wem kann ich glauben? Diese Frage ist entscheidend. Im christlichen Glauben geht es nicht um ein blindes Vertrauen oder um ein reines Auswendiglernen oder Für-wahr-Halten von Glaubenssätzen. Es geht um eine Beziehung. Um die ganz persönliche Beziehung zu Gott. Und es geht um den, dem wir glauben oder vertrauen können. Weil Gott glaubwürdig ist, können wir ihm glauben. Weil Gott ehrlich und wahrhaftig ist, können wir uns ihm anvertrauen. Weil Gott zu seinem Wort steht und sein Wort hält, können wir unser Leben darauf aufbauen.

Unser Vertrauen auf Gott, unser Glaube an ihn hängt jedoch davon ab, welches Gottesbild wir haben. Ist Gott für uns weit entfernt, uninteressiert, ein alter Greis, der die Welt von heute nicht mehr versteht, ein Spaßverderber, ein himmlischer Polizist? Manche Spötter sagen, dass Gott die Abkürzung sei für »Guter Opa Total Taub«. Wenn wir Gott so einordnen, gibt es keine Notwendigkeit, an ihn zu glauben. Oder ist Gott so, wie die Bibel ihn uns vorstellt: ein liebender Vater, der Schöpfer und Erhalter der Welt, der rettende Richter, der Freund und Gefährte? Ist Gott der Herr dieser Welt und werden wir Menschen unser Leben, unser Tun und Lassen, vor ihm verantworten müssen? Wir sehen, die Vorstellung, die wir von Gott haben, das Bild, das sich in uns geformt hat, ist entscheidend dafür, wie wichtig wir die Frage nach Gott, die Frage nach dem Glauben wirklich nehmen. In unserer westlichen Welt ist in den letzten Jahrhunderten der Glaube zunehmend zur Privatsache erklärt worden. Man spricht nicht drüber. Glaube ist für viele Menschen im Westen ein peinliches Thema und wird in alltäglichen Konversationen eher vermieden.

Anders ist es in anderen Kulturen und bei Anhängern anderer Religionen. Meine Arbeit mit Frauen in aller Welt führt mich oft in islamische Länder. Hier ist die Frage nach dem Glauben Gegenstand fast jeder ersten Begegnung: »Bist du Muslimin?«, werde ich gefragt. Und häufig wird auf die Verneinung dieser Frage gleich angefügt: »Willst du das muslimische Glaubensbekenntnis nachsprechen und jetzt Muslimin werden?« Immer wieder ergeben sich daraus gute Gespräche über den Glauben. Die Frage nach dem Glauben ist im Orient sehr wichtig, ein Gespräch darüber sogar erwünscht. Es ist in vielen Gegenden der Welt kaum vorstellbar, dass man gar nicht glaubt. Dort lautet die Frage nicht, ob ich an Gott glaube, sondern an welchen Gott.

Die Frage nach Gott, nach dem Glauben findet sich auch schon bei Johann Wolfgang von Goethe. Dieser hat in seinem monumentalen Werk Faust I zwei Lebenskonzepte und zwei Glaubenskonzepte aufeinandertreffen lassen. Gretchen, ein junges Mädchen aus gläubigem Haus, trifft auf den älteren und gebildeten Faust, der im Pakt mit dem Teufel steht. Gretchen wird von Faust umworben und fragt ihn schließlich: »Nun sag, wie hast du's mit der Religion?/Du bist ein herzlich guter Mann,/ Allein ich glaub', du hältst nicht viel davon.«[1] Faust hat eine pantheistische Weltsicht entwickelt, glaubt also nicht mehr an den Gott der Bibel. Gretchen erkennt: »Denn du hast kein Christentum.«[2] Aus diesem Zusammenhang entstand der landläufige Begriff der »Gretchenfrage«. Er hat inzwischen die Bedeutung von einer Frage, die von grundlegender und entscheidender Wichtigkeit ist. Und das ist ja bis heute die Frage nach dem persönlichen Glauben, die sich auch in unserem Kulturkreis stellt: Glaube ich an Gott und wenn ja, an welchen?

Menschliche Vorstellungen, wie ein Gott sein könnte oder müsste, haben in den verschiedenen Ländern und Kulturen zu vielen verschiedenen Gottheiten geführt, die die Menschen anbeten. Viele dieser Gottheiten werden bildlich dargestellt, ob in Stein gehauen, aus Holz geschnitzt oder in Gold gegossen. Für diese alle gilt: Sie entspringen der menschlichen Fantasie oder sind Vergöttlichungen von Naturgegebenheiten wie der Erde, dem Sturm oder Regen oder von Himmelskörpern wie Sonne, Mond, Sterne oder auch von Geld, Macht oder Sexualität bzw. Fruchtbarkeit. Für das Volk Israel war es im Laufe seiner Geschichte immer wieder eine Versuchung, sich den umliegenden Völkern anzupassen und ebenfalls Götterstatuen und Götzen für diese Mächte und Kräfte herzustellen und diese anzubeten. Die große Herausforderung war, sich kein sichtbares Gottesbild zu schaffen und stattdessen dem unsichtbaren Gott zu vertrauen und ihn allein anzubeten.

Vor allem in Naturreligionen gab und gibt es unterschiedliche Gottheiten für verschiedene Bereiche des Lebens. Der eine Gott ist zum Beispiel für die Finanzen zuständig, der andere für Sonne und Regen, der dritte für Bewahrung auf Reisen. So ist es im Hinduismus möglich, immer wieder neue Götter in den Reigen der verehrten Gottheiten aufzunehmen. Man sichert sich ab, indem man alle integriert. Anders war und ist es bei dem Gott, von dem die Bibel spricht. Er ist der Gott Abrahams, Isaaks und Jakobs, der Vater Jesu Christi. Er ist allein Gott und will uns davor bewahren, uns selbst zu täuschen und toten Gegenständen unser Vertrauen zu schenken, denn sie können uns weder hören noch uns helfen. Schon im ersten Gebot, das Gott durch Mose seinem Volk gab, wird klar, dass Gott keine anderen Götter neben sich duldet.

»Dann sprach Gott folgende Worte: ›Ich bin der Herr, dein Gott, der dich aus der Sklaverei in Ägypten befreit hat. Du

sollst außer mir keine anderen Götter haben. Du sollst dir kein Götzenbild anfertigen von etwas, das im Himmel, auf der Erde oder im Wasser unter der Erde ist. Du sollst sie weder verehren noch dich vor ihnen zu Boden werfen, denn ich, der Herr, dein Gott, bin ein eifersüchtiger Gott! Ich lasse die Sünden derer, die mich hassen, nicht ungestraft, sondern ich kümmere mich bei den Kindern um die Sünden ihrer Eltern, bis in die dritte und vierte Generation. Denen aber, die mich lieben und meine Gebote befolgen, werde ich bis in die tausendste Generation gnädig sein.‹«

2. Mose 20,1-6, NLB

Gott will, dass der Glaube unser Leben fördert und verändert. Tote Götzen sind dabei keine Hilfe. Im Gegenteil: Sie lassen uns Menschen mit unseren eigenen Vorstellungen allein. Es geht Gott darum, dass wir uns abkehren von selbst erschaffenen Göttern und uns ihm, dem lebendigen Gott, zuwenden.

Gott will, dass der Glaube unser Leben fördert und verändert.

Auch als Christen stehen wir immer wieder in der Gefahr, uns unsere eigenen Vorstellungen und Bilder von Gott zu machen. Wie Gott wirklich ist, können wir aber nur dort erfahren, wo er sich selbst geoffenbart hat: in der Bibel. Und weil Gott so ist, wie die Bibel sagt – ewig, treu, barmherzig –, und weil er der Schöpfer der Welt ist, der uns liebt, ist allein er es wert, von uns angebetet zu werden. Als Jesus in diese Welt kam, zeigte er uns, wie Gott ist. So sagt er über sich selbst: »*Wer mir vertraut, der vertraut damit eigentlich nicht mir, sondern dem, der mich beauftragt und in die Welt gesandt hat. Und wer mich*

*sieht, der sieht auch nicht nur mich, sondern den, der mich ge-
sandt hat« (Johannes 12,44-45).*

Jesus war zugleich wahrer Mensch und wahrer Gott. In Jesus erfahren wir, wie Gott ist. In all seinen Worten und Taten sehen wir, wie er den Menschen Gutes tat und ihnen eine gute und für das eigene Leben hilfreiche und zugleich herausfordernde Lehre mit auf den Weg gab. Nicht nur die zwölf Jünger setzten ihr Vertrauen auf ihn. Der Glaube an den lebendigen Gott, der in Jesus Mensch wurde, hat sich bis in unsere Tage hinein über die ganze Welt verbreitet. Milliarden von Menschen setzten und setzen bis heute ihr Vertrauen auf Jesus. Sie glauben den Aussagen der Bibel und versuchen, durch das Lesen und Verstehen der biblischen Texte ihr eigenes Bild von Gott und von Jesus immer wieder zu korrigieren und ihn immer besser kennenzulernen, so, wie er sich uns selbst vorgestellt hat.

Es gibt viele Bilder, die sich die Menschen von Jesus Christus machen, und im Laufe der Geschichte haben sie unterschiedliche Formen angenommen. Mal war er der Wundertäter, mal der Lehrer, mal der Revolutionär und vieles andere mehr. Natürlich lässt es sich kaum vermeiden, dass wir beim Lesen der Bibel eine kulturelle Brille aufhaben, durch die hindurch wir die Berichte über Jesus lesen, verstehen und deuten. Abhängig von unserem eigenen schon vorhandenen Wertesystem, mit dem wir uns den Aussagen nähern, empfinden wir dann bestimmte Eigenschaften von Jesus als besonders wertvoll oder auch herausstechend. Die Gefahr dabei besteht aber darin, dass auf diese Weise ein Zerrbild von Jesus entsteht. Deshalb ist es umso wichtiger, sich auf die biblischen Aussagen im

Gesamtzusammenhang zu stützen und sich selbst beim Lesen der Bibel immer wieder zu überprüfen, ob das in uns entstandene Bild von Gott und Jesus noch dem entspricht, was wir im Gesamtzusammenhang des Alten und Neuen Testaments vorfinden. Die uns möglicherweise unangenehm oder hart erscheinenden Aussagen von Jesus sind genauso wichtig wie die liebevollen und einladenden, weil sie uns möglicherweise unsere blinden Flecke zeigen und somit ein wichtiges Korrektiv für unsere eigene Wunschvorstellung sind. Es bringt uns nicht weiter, wenn wir uns einen Jesus nach eigenen Wünschen und Vorlieben zusammenstellen.

2. Was ist denn dann Glaube?

War es eigentlich leichter, an Jesus zu glauben, als er noch selbst als Mensch auf der Erde unterwegs war? Manchmal stelle ich mir diese Frage. Die Menschen damals konnten Jesus sehen, ihn mit ihren Ohren hören, seine Wunder live miterleben. Sie erkannten an seiner Stimme seine Gemütslage, sie verstanden seine Körpersprache, sie hatten einen unmittelbaren Zugang zu ihm. Doch wenn ich die biblischen Texte lese, stelle ich fest, dass es auch für die Zeitgenossen Jesu, ja sogar für seine engsten Vertrauten – seine Jünger – nicht unbedingt einfach war, ihn zu verstehen und ihm zu glauben. Es stimmt, sie waren dicht an Jesus dran und ja, sie waren seine Schüler und nahmen seine Lehre auf, versuchten seinen Taten nachzueifern. Doch zu seinen Lebzeiten hatten sie dennoch ihr eigenes Bild von Jesus. Oft verstellte ihnen ihr Vorverständnis von einem Messias ihren Blick auf den realen und so anderen Messias Jesus.

Noch viel schwerer war es wohl damals für die Menschen, die nur Berichte über Jesus gehört hatten. Gab es da auch so etwas wie den »Stille-Post-Effekt«, bei dem beim Übermitteln einer Botschaft am Ende der Kette etwas ganz anderes herauskommt, als es der anfängliche Wortlaut der Botschaft war? Im ganzen Land hörten

Menschen von den großen Taten von Jesus und kamen in Scharen, um ihn selbst mit eigenen Ohren zu hören. Ebenso machten sich viele kranke Menschen auf, um bei Jesus Heilung zu finden. Darunter war auch ein Vater, dessen Sohn schon viele Jahre durch eine dämonische Belastung in großer Gefahr war. Doch Jesus war nicht da, wo der Vater ihn suchte. Er fand nur einige Jünger vor, die ihm und seinem Sohn aber nicht helfen konnten. Jetzt warteten alle auf die Rückkehr Jesu, denn dieser war mit Petrus, Jakobus und Johannes auf einen Berg gestiegen. Dort oben erschienen Jesus Mose und Elia, und die Jünger erlebten das live mit (Markus 9). Sie wurden Zeugen einer für sie unfassbaren und unbegreiflichen Begegnung mit den Vorfahren des jüdischen Volkes und den Vorbildern ihres Glaubens. Dort auf dem Berg hörten sie, wie Gott sagte, dass Jesus der Sohn Gottes, der durch die Propheten verheißene und von ihnen sehnlichst erwartete Messias ist: »*Da entstand eine Wolke, die sie umhüllte. Eine Stimme kam aus der Wolke: ›Dieser ist mein Sohn, auf dem meine ganze Liebe ruht! Auf ihn sollt ihr hören!‹*« (Markus 9,7).

Petrus, Jakobus und Johannes wollten sofort Hütten bauen und so das Ereignis festhalten, das sie erlebt hatten. Doch kaum hatten sie das gesagt, wurde Jesus vor ihren Augen verklärt. Und als sie hinschauten, sahen sie nur noch Jesus allein. Es kam der Abstieg vom Berg der Verklärung, es war der Weg zurück in den Alltag, zurück zu den Menschen in Not.

> »*Und sie kamen zu den Jüngern und sahen eine große Menge um sie herum und Schriftgelehrte, die mit ihnen stritten. Und sobald die Menge ihn sah, entsetzten sich alle, liefen*

herbei und grüßten ihn. Und er fragte sie: Was streitet ihr mit ihnen? Einer aber aus der Menge antwortete: Meister, ich habe meinen Sohn hergebracht zu dir, der hat einen sprachlosen Geist. Und wo er ihn erwischt, reißt er ihn zu Boden; und er hat Schaum vor dem Mund und knirscht mit den Zähnen und wird starr. Und ich habe mit deinen Jüngern geredet, dass sie ihn austreiben sollen, und sie konnten's nicht. Er antwortete ihnen aber und sprach: O du ungläubiges Geschlecht, wie lange soll ich bei euch sein? Wie lange soll ich euch ertragen? Bringt ihn her zu mir! Und sie brachten ihn zu ihm. Und sogleich, als ihn der Geist sah, riss er ihn hin und her. Und er fiel auf die Erde, wälzte sich und hatte Schaum vor dem Mund. Und Jesus fragte seinen Vater: Wie lange ist's, dass ihm das widerfährt? Er sprach: Von Kind auf. Und oft hat er ihn ins Feuer und ins Wasser geworfen, dass er ihn umbrächte. Wenn du aber etwas kannst, so erbarme dich unser und hilf uns! Jesus aber sprach zu ihm: Du sagst: Wenn du kannst! Alle Dinge sind möglich dem, der da glaubt. Sogleich schrie der Vater des Kindes: Ich glaube; hilf meinem Unglauben! Als nun Jesus sah, dass die Menge zusammenlief, bedrohte er den unreinen Geist und sprach zu ihm: Du sprachloser und tauber Geist, ich gebiete dir: Fahre von ihm aus und fahre nicht mehr in ihn hinein! Da schrie er und riss ihn heftig hin und her und fuhr aus. Und er lag da wie tot, sodass alle sagten: Er ist tot. Jesus aber ergriff seine Hand und richtete ihn auf, und er stand auf. Und als er ins Haus kam, fragten ihn seine Jünger für sich allein: Warum konnten wir ihn nicht austreiben? Und er sprach: Diese Art kann durch nichts ausfahren als durch Beten.«

Markus 9,14-29, Lut 2017

17

Jesus erfasste die Situation sofort und widmete sich als Erstes dem Anliegen des Vaters. Er kam aus der Begegnung mit der himmlischen Realität auf dem Berg der Verklärung wieder hinein in die irdische Wirklichkeit und war sofort in der Lage, sich den Anliegen der Menschen zu widmen. Er lebte in beiden Wirklichkeiten gleichzeitig: Er war stets mit der Wirklichkeit des Himmels verbunden und lebte in regem Austausch mit dem Vater im Himmel. Und gleichzeitig war er auf dieser Erde ganz für die Menschen da, hörte ihnen zu, heilte und tröstete, lehrte und forderte sie heraus.

Glauben heißt: Stille auch im Alltag

Wie die Jünger von Jesus stehen auch wir oft in dieser Spannung zwischen Kontemplation, also dem Rückzug in die Stille und die unmittelbare Nähe Gottes, und Diakonie, der Hilfe für Menschen im umfassenden Sinn. Wie wir bei Jesus sehen, ist das kein Gegensatz, sondern beides sind zwei Seiten einer Medaille und gehören untrennbar zusammen. Wenn wir uns Zeit nehmen, ganz bei Gott zu sein, erhalten wir die Kraft und die Ausrichtung, die wir brauchen, um ganz bei den Menschen zu sein und ihnen tatkräftig zu helfen.

Wenn wir uns Zeit nehmen, ganz bei Gott zu sein, erhalten wir die Kraft und die Ausrichtung, die wir brauchen, um ganz bei den Menschen zu sein und ihnen tatkräftig zu helfen.

Rückzug aus den alltäglichen Pflichten und Herausforderungen ist nicht immer möglich, denn das Leben an sich fordert uns heraus. Ein Beispiel für gelebte Stille mitten in einem anstrengenden Alltag ist Susanna Wesley, geboren 1669 als letztes von 25 Kindern. Sie selbst war Mutter von 19 Kindern – von denen neun im Kindesalter verstarben. Sie widmete sich ganz der christlichen Erziehung ihrer Kinder, unterrichtete sie in Mathematik, Grammatik, Griechisch, Literatur und Geografie. Schon mit fünf Jahren konnten die Kinder lesen. Jeden Tag lasen sie ein Kapitel der Bibel und einen Psalm. Susanna legte in ihrer Erziehung großen Wert auf Disziplin.

Bei einem so großen Haushalt gab es wenig Zeit für Rückzug und persönliche Stille. Doch sie fand einen Weg, der praktikabel war. Wann immer sie ihre Zeit mit Gott verbrachte, legte sie einen Schal über ihren Kopf und saß, umgeben von allen anderen, in Andacht und Stille, manchmal mitten im Raum. Die Kinder lernten von klein auf, dass die Mutter in diesen Zeiten von niemandem gestört werden wollte. Sie wussten, dass ihre Mutter nun ganz bei Gott, wenn auch körperlich anwesend, war. Sie lernten, diese Art des Rückzugs zu respektieren. Susanna prägte das Leben ihrer Kinder durch ihren Glauben so stark, dass später ihre beiden Söhne Charles und John in England und in den USA evangelisierten. Gemeinsam mit George Whitefield lösten sie eine der größten Erweckungen aus und wurden zu den Gründern der methodistischen Kirche. Zugleich erneuerte sich in der Folge auch die englische Staatskirche. Die Auswirkungen ihrer Verkündigung reichten bis zur Abschaffung der Sklaverei im englischen Empire.[3]

Glauben heißt: Die Bitte an Jesus richten

Zurück zu Jesus und der aufgebrachten Menschenmenge, darunter auch der bittende Vater: Dieser richtete sich direkt an Jesus und erklärte die Situation. Er erzählte von den gefährlichen Anfällen des Kindes und auch von der Unfähigkeit der Jünger, den Jungen von seinem Leiden zu befreien. Während er noch redete, hatte der Junge wieder einen Anfall und auf die Frage von Jesus hin, wie lange ihm das schon so geschehe, antwortete der Vater »von Kindheit an«. Und dann brach es aus dem Vater heraus: »›Doch wenn du irgendetwas tun kannst, dann erbarme dich über uns und hilf uns!‹ Jesus sagte zu ihm: ›Du sagst: »Wenn du kannst?« Alles ist möglich dem, der vertraut!‹ Im selben Augenblick schrie der Vater des Jungen auf: ›Ich vertraue! Steh mir bei gegen meinen Unglauben!‹« (Markus 9,22-24).

»Ich glaube; hilf meinem Unglauben!« (Markus 9,24, Lut 2017). Reicht ein solcher Schrei zu Jesus aus, um seine Hilfe zu erfahren? Was ist Glaube und was ist Unglaube? Was will der Vater damit ausdrücken?

Glauben heißt: Überzeugt sein

»Der Glaube stützt sich auf die Dinge, auf die man hofft, und ist das Überzeugtsein von Tatsachen, die nicht mit bloßem Auge sichtbar sind. Durch dieses Vertrauen hat das Leben unserer Vorfahren Gottes Bestätigung erfahren. Durch diesen Glauben begreifen wir, dass die Weltdimensionen durch das kraftvolle Wort Gottes ins Sein gerufen wurden,

sodass das, was man sehen kann, nicht aus materiell greif-
baren Dingen heraus entstanden ist.«

Hebräer 11,1-3

Der Hebräerbrief gibt uns hier eine Definition von Glauben, die uns weiterhelfen kann. Es geht beim Glauben um ein Überzeugtsein von Tatsachen, die unumstößlich sind. Dazu gehört für Christen zum Beispiel die Tatsache der Auferstehung Jesu von den Toten. Es geht bei diesem Verständnis von Glauben um die Kraft und Macht Gottes, die diese Welt geschaffen hat und auch heute die Kraft hat, unser Leben zu verändern. Doch auch der Schreiber des Hebräerbriefes weiß, dass Glaube als ein theoretisches Für-wahr-Halten uns nicht hilft im Alltag. Gelebter Glaube, der den Alltagstest im Leben von realen Menschen durchlaufen und bestanden hat, lädt uns ein, selbst solche Glaubenserfahrungen mit Gott zu machen.

Wenn ich mich zum Beispiel an meine Kindheit in Duisburg erinnere, fällt mir besonders eine Frau ein, die mich sehr beeindruckte. Es gab in unserem Stadtteil eine Kaiserswerther Diakonisse. Ich wusste nicht, warum sie diese besondere Kleidung trug, mit der sie sich so sehr von allen anderen Frauen unterschied – ein dunkelblaues Kleid mit weißen Punkten, auf dem Kopf eine weiße Haube mit gekräuseltem Rand. Ich wusste nicht, was eine Diakonisse war oder was sie tat. Sie war eine der Mitarbeiterinnen unseres Kindergottesdienstes in der Kirche, daher kannte ich sie. Ich sah sie immer wieder mal mit ihrem Fahrrad durch die Straßen fahren und – ich kann es kaum erklären – auf eine besondere Art und Weise liebte ich diese Frau, ohne sie besser zu kennen. Sobald ich sie irgendwo sah, rief ich ihren Namen und rannte zu ihr hin – sehr zum Ärger meiner Mutter, die Angst hatte, ich könnte noch vor lauter ungestümem Eifer vor ein Auto laufen. Wenn Schwester Wilhelmine mich hörte oder sah, winkte sie mir lachend zu. Das machte mich glücklich. Sie war meine Heldin. Obwohl ich sie nie während ihrer diakonischen Arbeit im Stadtteil gesehen hatte, war ich in sonderbarer Weise von ihr angezogen. Sie strahlte Liebe und Wärme aus. Beides erlebte ich auch zu Hause in meiner Familie, daran hatte ich keinen Mangel. Dennoch war an Schwester Wilhelmine etwas anderes, das mich so faszinierte.

Ich denke heute, dass ich als Kind unbewusst Jesus in ihr sehen konnte. Dass ich eigentlich von Jesus in ihr angezogen war. Ihr Leben war durchdrungen vom Glauben an Jesus. Dafür hatte sie auf eine eigene Familie verzichtet. Deshalb war sie in unserem Stadtteil unterwegs, um Bedürftigen zu helfen. Dafür lebte und arbeitete sie mit aller Kraft. Die Freude und der Segen, die von ihr ausgingen, erreichten auch mich tief in meinem Innern. Ihr Zeugnis zeigte mir – wenn auch unbewusst – wie gut ein Leben mit Gott sein muss. Hier war jemand, der im Alltag mit Gott lebte. Und genau dieses Leben erschien mir schon als Kind besonders wertvoll und höchst anziehend. Schwester Wilhelmine war für mich ein lebendiges Vorbild des Glaubens, auch wenn ich noch wenig davon verstand. Ihr Leben und ihre Ausstrahlung sprachen eine deutliche Sprache – die Sprache des Glaubens.

Glauben heißt: Von Gott getragen werden

Bibelübersetzer haben manchmal das Problem, dass das Wort »Glaube« in den Sprachen, in die sie die biblischen Texte übersetzen, noch gar nicht als solches vorhanden ist. Also umschreiben sie es oft mit Bildern aus der Kultur der Sprache, in die sie übersetzen. So habe ich von einem indianischen Stamm gehört, der das Wort »Glaube« mit »in den Schuhen von jemandem laufen« übersetzt hat. Dieses Bild für »Glaube« hat sich mir ganz neu erschlossen, als ich vor einigen Jahren den Einmarsch der paralympischen Sportler im Fernsehen sah. In einer der einmarschierenden Mannschaften hatten sich gesunde Sportler ihre gehbehinderten Kameraden aufrecht vor ihren Körper geschnallt. Beide steckten mit ihren Füßen gemeinsam in übergroßen Schuhen. So sah es aus, als ob der gehbehinderte Sportler selbst laufen könne. Das konnte er aber nur, weil der gesunde Sportler ihn trug und er in den gemeinsamen Schuhen mitlaufen konnte.

Für mich ist dieses Bild eine gute Darstellung dessen, was Glaube heißt: Gott trägt mich durch das Leben. Ich darf in seinen Schuhen stecken und deshalb Dinge tun, für die ich weder die Kraft noch das Können besitze. Er ist es letztlich, der mich zum

Gott trägt mich durch das Leben. Ich darf in seinen Schuhen stecken und deshalb Dinge tun, für die ich weder die Kraft noch das Können besitze.

Guten bewegt. Auch wenn ich vergesse, wer mich trägt, und ich das Gefühl habe, ich könnte alles alleine tun: In

Wirklichkeit ist es meine Abhängigkeit von Gott, mein Glaube, der mir seine Liebe zeigt, eine Liebe, die bereit ist, mich zu tragen und auch zu ertragen.

In unserem deutschen Wort »glauben« steckt das Wort »geloben«, das so viel wie »gutheißen« oder »für lieb heißen« oder auch »loben« bedeutet. Unser Wort »Gelöbnis« ist damit verwandt. Wenn ich glaube, dann lobe ich das, was Gott getan hat. Dann erkenne ich sein gutes Handeln und liebe ihn dafür.

Glauben heißt: Allein aus Gnade gerettet sein

Der Reformator Martin Luther (1483–1546) hat in seiner Bibelübersetzung das Wort »Glaube« benutzt und neu gefüllt. Seine Lebensgeschichte zeigt uns, wie er selbst zu einem lebendigen Glauben an Gott fand. Er studierte als junger Mann, dem Wunsch seines Vaters entsprechend, Jura. Eines Tages geriet er während einer Wanderung auf freiem Feld in ein starkes Gewitter. Es donnerte, die Blitze schlugen um ihn herum ein und er fürchtete um sein Leben. In Todesangst betete er zur Heiligen Anna, der Patronin der Bergleute, und schwor, dass er ins Kloster eintreten werde, wenn sie ihn retten würde. Er überlebte diese gefährliche Situation und fühlte sich seinem Gelübde verpflichtet. So trat er im Jahr 1505 – gegen den Willen seines Vaters – in das Augustinerkloster in Erfurt ein. Er studierte Theologie und wurde 1512 promoviert. Trotz alledem plagten ihn große Zweifel: Konnte Gott ihm vergeben? Reichte sein Leben als Mönch aus, damit Gott ihn annahm? Luther geißelte sich selbst, quälte sich über lange Zeit mit der Frage: »Wie bekomme ich einen gnädigen Gott?«

Als Luther, inzwischen Theologieprofessor in Wittenberg, eine Vorlesung über den Römerbrief vorbereitete, wurde seine Frage durch die Bibel beantwortet: Er erkannte, dass der Mensch allein aus Gnade gerettet wird, weil Jesus Christus am Kreuz bereits alles vollbracht hat. Das heißt, die Rechtfertigung des Menschen vor Gott geschieht nicht aufgrund seiner eigenen Taten und seiner frommen Leistungen, sondern ganz aus der Gnade Gottes heraus. Als er Römer 1,17 las, erkannte er, dass Gott ihn angenommen hatte. *»Denn darin wird offenbart die Gerechtigkeit, die vor Gott gilt, welche kommt aus Glauben in Glauben; wie geschrieben steht (Habakuk 2,4): ›Der Gerechte wird aus Glauben leben‹« (Römer 1,17, Lut 2017).*

Die Rechtfertigung des Menschen kommt allein von Gott und sie ist reine Gnade. Sie ist ein Geschenk. Wir können sie im Glauben annehmen, aber nichts durch eigene Taten zu unserer Rettung beitragen.

> *»Es gibt keinen Menschen, der wirklich gerecht ist, ja, keinen einzigen! Es gibt niemanden, der wirklich einsichtig ist. Es gibt niemanden, der ernsthaft auf der Suche nach Gott ist! Alle sind vom Weg abgewichen. Es gibt keinen, der wirklich aus reiner Güte handelt, keinen Einzigen.«*
>
> Römer 3,11-12

Allein das Evangelium, die erfolgte Erlösung durch den Tod und die Auferstehung Jesu Christi, hat die Macht, uns Menschen zurück zu Gott zu bringen. Im Gegensatz zur damaligen Lehre der römisch-katholischen Kirche, die meinte, eine vermittelnde Stellung zwischen Gott und den Menschen einnehmen zu können, wusste Luther nun, dass der Glaube an Jesus Christus allein genügt. Sein Suchen hatte ein Ende gefunden, seine Seele fand den tiefen Frieden, nach dem sie so lange gesucht hatte.

Doch Luther wollte gegen manche Fehlentwicklungen in seiner eigenen, katholischen Kirche angehen und schlug deshalb 1517 an das Wittenberger Kirchenportal 95 Thesen an, die er zur Diskussion stellen wollte. Darin machte er klar, was er von dieser Fehlentwicklung in seiner Kirche hielt. Es begann die Reformation der Kirche, die von vielen Menschen dankbar angenommen wurde. Luther nutzte den gut 50 Jahre zuvor erfundenen Buchdruck mit einer Druckerpresse, um seine Schriften und seine Bücher zu produzieren und weit zu verbreiten. Viele Menschen schlossen sich an, sowohl Theologen als auch Laien, Männer und Frauen, Mönche und Nonnen, Bauern und Fürsten.

Beim Reichstag zu Worms 1521 wurde Luther mit dem Bann belegt und für vogelfrei erklärt. Jeder hätte ihn töten können, ohne dafür zur Rechenschaft gezogen zu werden. Um ihn vor der drohenden Ermordung zu bewahren, wurde Luther von Freunden nach Eisenach auf die Wartburg entführt. Als Junker Jörg lebte er dort inkognito und nutzte die Zeit, um das Neue Testament in das damals gebräuchliche Deutsch zu übersetzen. Es gab zwar schon Übersetzungen ins Deutsche, doch die hatten den lateinischen Text der Vulgata wortwörtlich übersetzt und damit fast unverständlich gemacht. Luther nutzte hingegen das Prinzip »Dem Volk aufs Maul schauen« und wählte für seine Übersetzung die alltägliche Sprache der Menschen auf der Straße, wobei er Wörter aus allen deutschen Mundarten verwendete und auch manche neu schuf, um eine gemeinsame und überall verständliche Sprache zu formen.

Bis heute prägt die Entdeckung Luthers im Römerbrief unser Verständnis von Glauben. Bei allen Fehlern und Fehlentwicklungen, die es auch im Leben Luthers gab, bleibt sein großes Verdienst bis heute die Bibelübersetzung. Ihm verdanken wir nicht nur die Übersetzung des Wortes »Glaube«, sondern auch das Verständnis, dass der Glaube ein Geschenk Gottes ist. Dass es nicht unsere Leistungen sind, die uns zu Glaubenden machen, sondern dass es Gottes Gnade ist, die uns zu einer Beziehung zu Gott, zum Glauben führt.

Glauben heißt: Der Vergebung gewiss sein

Ich selbst bin in einer reformiert-unierten Kirche groß geworden und habe dort im Kindergottesdienst viele biblische Geschichten kennengelernt. Damals war die Kirche Sonntagmorgen nach dem Gottesdienst für die Erwachsenen mit Hunderten von Kindern gefüllt, die begeistert die Geschichten von Jesus hörten und viele Kirchenlieder auswendig lernten. Ich liebte die Erwachsenen, die uns Jesus nahebrachten, auch wenn ich noch wenig vom Inhalt verstand. In meiner Konfirmandenzeit stellte ich mir persönlich viele Fragen zum Glauben. Wir mussten in den zwei Jahren Katechumenen- und Konfirmandenzeit unwahrscheinlich viele Bibelstellen auswendig lernen, aber auch viele Artikel aus dem Heidelberger Katechismus.

Damals schienen viele Aussagen darin für mich unverständlich. Doch ich konnte sie rezitieren und bei der Prüfung durch die Presbyter, die wir alle ablegen mussten, um zur Konfirmation zugelassen zu werden, konnte ich sie aufsagen. Ich lernte sie auswendig wie die Lateinvokabeln in der Schule – bei beiden war ich überzeugt, dass ich sie nach der Schule bzw. Konfirmation nie wieder brauchen würde. Doch anders als bei Latein komme ich heute immer wieder zurück auf die Aussagen des Heidelberger Katechismus. Hier ist kurz und verständlich zusammengefasst, was ich selbst nur mühsam in wenige Worte fassen könnte. Manche kann ich bis heute auswendig sagen. Im Heidelberger Katechismus wird immer eine Frage gestellt, die dann kurz und präzise beantwortet wird. Hier also die Antwort auf die Frage, was Glaube ist:

> *Wahrer Glaube ist nicht allein eine zuverlässige Erkenntnis, durch welche ich alles für wahr halte, was uns Gott in seinem Wort geoffenbart hat, sondern auch ein herzliches Vertrauen, welches der Heilige Geist durchs Evangelium in mir wirkt, dass nicht allein anderen, sondern auch mir Vergebung der Sünden, ewige Gerechtigkeit und Seligkeit von Gott geschenkt ist, aus lauter Gnade, allein um des Verdienstes Christi willen.«[4]*

3. Drei Lesarten des Glaubens

Der Glaube an Gott verändert das Leben von Menschen. Mithilfe der drei Bedeutungen des Wortes »Glaube« – jeweils in den drei Sprachen Griechisch, Latein und Hebräisch – und verschiedenen Lebensbeispielen aus der Bibel und der Kirchen- bzw. Missionsgeschichte möchte ich Ihnen genau das zeigen: Wie der Glaube Leben verändern kann.

Das Wort »Glaube« hat in den verschiedenen Sprachen unterschiedliche Wurzeln und Bedeutungsfelder. Sie verdeutlichen wesentliche Aspekte, worum es beim Glauben geht. Das Alte Testament stellt uns viele Menschen vor, die an Gott geglaubt haben und deren Leben für uns zum Vorbild werden können. Im Neuen Testament, im Brief an die Hebräer in Kapitel 11, finden wir eine Liste von Menschen, die Gott vertraut haben. Aus dieser Liste möchte ich Ihnen in den folgenden Kapiteln Beispiele aufzeigen, jeweils für die verschiedenen Bedeutungsfelder der Worte für Glauben in den drei Sprachen.

Dabei nehme ich die Geschichte von Abraham als ein Beispiel für Glauben als Vertrauen, was dem griechischen Wort *pistis* entspricht. Für das lateinische Wort *credo*, das Herz schenken, nehme ich Mose als Beispiel. Der hebräische Begriff *aman* heißt »fest gegründet sein«. Das veranschauliche ich durch das Leiden der Märtyrer, der Christen, die um ihres Glaubens willen verfolgt oder getötet wurden.

Pistis: Glauben heißt vertrauen

Nehmen wir als Erstes das griechische Wort für Glauben: *pistis*. Es hat die Grundbedeutungen »überzeugt sein von etwas oder jemandem«, »Vertrauen« und »Treue«. Vertrauen und Treue zeigen sich in einer Beziehung. Es geht ums Treusein, ums Festhalten, Sich-Festmachen an jemandem. Gleich stellt sich die Frage: An wem halte ich mich fest? Mit wem verbinde ich mich so stark? Wem bleibe ich treu? Wem vertraue ich?

Im Vertrauen ein neues Land betreten: *Abram*

> *»Doch ohne dieses Vertrauen ist es nicht möglich, dass ein Mensch vor Gott angenehm ist. Denn wer in die Nähe Gottes kommen will, der muss darauf vertrauen, dass Gott wirklich existiert, und dass er denen, die ernsthaft nach ihm fragen, auch eine gerechte Belohnung schenken wird. […] Durch den Glauben war Abraham gehorsam gegenüber Gott, als der ihn rief, und zog aus seiner Heimat in das Land, das er als Erbe übernehmen sollte, und zog los, ohne zu wissen, wohin sein Weg ihn führen würde.«*

Hebräer 11,6-8

Abram, dessen Name übersetzt so viel bedeutet wie »Der Vater ist erhaben«, lebte mit seiner Ursprungsfamilie in

Ur, Chaldäa, einer Stadt im Süden des heutigen Irak. Sie siedelten als Großfamilie um nach Haran, in einen Ort in der heutigen Türkei unmittelbar an der syrischen Grenze. Abram war mit Sarai verheiratet, als ihn dort in Haran der Ruf Gottes erreichte, seine Ursprungsfamilie zu verlassen, sein Vertrauen ganz auf den lebendigen Gott zu setzen und in ein Land zu ziehen, das er noch nicht kannte und von dem er noch nicht einmal wusste, wo es lag.

Wenn man bedenkt, wie wichtig der Sippenzusammenhang für das Überleben ganzer Familien war, ist es schwer, sich vorzustellen, dass jemand, der keine eigenen Kinder hat, den Clan der Großfamilie verlässt und sich auf eine so unsicher scheinende Zukunft einlässt. Zwar war Abram vermögend und konnte seine Frau Sarai, seinen Neffen Lot, seine Diener und Tiere auf diese Reise mitnehmen, aber er war fortan als Anführer der Gruppe ganz auf sich allein gestellt, was seine Sicherheit und seine Zukunft – auch die all der Menschen, die ihm anvertraut und die mit ihm unterwegs waren –, anging. Der Weg war unbekannt, genauso auch das Ziel. Mit dem Auszug aus der neuen Heimat seiner Sippe im Zweistromland machte er sich ganz abhängig von Gott, der ihn fortan führen musste. Die Frage drängt sich auf: Woher nahm Abram das Vertrauen dazu? Warum zog er los? Die Antwort darauf finden wir im Bericht aus dem ersten Buch der Bibel:

>»Dann befahl der Herr Abram: ›Verlass deine Heimat, deine Verwandten und die Familie deines Vaters und geh in das Land, das ich dir zeigen werde! Von dir wird ein großes Volk abstammen. Ich will dich segnen und du sollst in der ganzen Welt bekannt sein. Ich will dich zum Segen für an-

dere machen. Wer dich segnet, den werde ich auch segnen.
Wer dich verflucht, den werde ich auch verfluchen. Alle
Völker der Erde werden durch dich gesegnet werden.‹ Ab-
ram machte sich auf den Weg, wie der Herr es ihm befohlen
hatte. Und Lot ging mit ihm. Abram war 75 Jahre alt, als
er Haran verließ. Auf den Weg nach Kanaan nahm er seine
Frau Sarai, seinen Neffen Lot und alles, was sie besaßen,
mit samt ihrem Vieh und ihren Sklaven und Sklavinnen, die
sie in Haran erworben hatten. So erreichten sie schließlich
Kanaan.«

1. Mose 12,1-5, NLB

Wenn Abram nicht Gottes Stimme in dieser Anweisung
gehört hätte, hätte er diesen Schritt nie tun können. Doch
nun hatte ihn der Ruf des lebendigen Gottes erreicht.
Die Verheißung, ein Vater vieler Völker zu werden, wurde für ihn zur Gewissheit. Im Glauben nahm er diese
Aussagen für sich in Anspruch und setzte sein Vertrauen
voll und ganz auf die Ver-
heißung Gottes. Hätte
Abram auf die Umstände,
sein Alter, seine Kinder-
losigkeit, die Unsicher-
heit der Reise geschaut,
hätte er diesen Schritt
wohl nicht gewagt. Aber

**Im Glauben nahm er
diese Aussagen für sich
in Anspruch und setzte
sein Vertrauen voll und
ganz auf die Verheißung
Gottes.**

er schaute auf Gott selbst und auf die Verheißung, die
mit der Autorität Gottes belegt war und die Abram dazu
bewog, alles Vertraute aufzugeben und Gottes Weg zu
gehen. Er vertraute Gott – er glaubte Gott. Das gespro-
chene Wort Gottes trug die Autorität in sich, die Abram

vertrauen, ja, die ihn glauben ließ. Hier zeigt sich *pistis*: Glauben heißt Vertrauen.

Im Vertrauen leben wie Abram:
Lillian Hunt Trasher

Immer wieder hat solch ein Ruf Menschen erreicht, die bei aller persönlichen Schwäche und Unvollkommenheit den Mut hatten, Gottes Ruf zu folgen und in seinem Namen großartige Dinge zu tun. Eine von ihnen war Lillian Hunt Trasher, eine Frau, die auch von unzähligen Menschen »Mutter Trasher« genannt wurde. Ihren Spuren konnte ich in Ägypten begegnen, als ich vor einigen Jahren im Waisenhaus in Assiut zu Gast war.

Geboren wurde sie am 27. September 1887 in Jacksonville, Florida. Aufgewachsen ist sie als Tochter katholischer Eltern in Georgia. Nach dem Besuch einer kurzen Bibelschule arbeitete sie drei Jahre in einem Waisenhaus in North Carolina. In ihr wuchs der Wunsch: »Lord, I want to be your girl«[5], »Herr, ich möchte ein Mädchen nach deinem Willen sein.«

Das bedeutete für sie, dass sie als Missionarin in ein fremdes Land gehen wollte. Beeinflusst wurde diese Entscheidung durch einen Indienmissionar, dessen Berichte sie aufmerksam verfolgte. Doch für Lillian stand fest, dass sie nicht nach Indien, sondern nach Afrika gehen wollte. Zu dieser Zeit war sie mit Tom Jordan, einem Pastor, verlobt. Als sich herausstellte, dass ihr Verlobter nicht bereit war, den Weg ins Ausland mit ihr zu gehen, löste sie zehn Tage vor der Trauung die Verlobung und sagte die Hochzeit ab. Sie war entschieden, Gottes Ruf zu folgen, koste es, was es wolle. Niemand und nichts sollte sie daran hindern, auch nicht die Liebe zu einem Mann. Sie versuchte, für ihre Ausreise Geld zu sammeln, doch das erwies sich als schwierig. Sie hielt dennoch daran fest, dass Gott sie ins Ausland berufen hatte.

Lillian lernte auf einer Missionskonferenz einen Pastor aus Ägypten kennen. Pastor Brelsford lebte und arbeitete in Assiut, einer Stadt am Nil, ungefähr in der Mitte Ägyptens. Auch wenn dieser dem Anliegen von Lillian, in die Mission zu gehen, erst skeptisch gegenüberstand, lud er sie dennoch ein, ihn ins Land am Nil zu begleiten. Einige Freunde rieten ihr, noch einmal die Bibel an beliebiger Stelle aufzuschlagen und zu sehen, welchen Vers Gott ihr auf diese Weise zusprechen würde. Sie öffnete die Bibel spontan und las: »*Ich habe genau gesehen, was meinem Volk, das in Ägypten ist, an Bösem angetan wird, und habe ihre Schmerzensschreie gehört. Deshalb bin ich vom Himmel herabgekommen, um sie aus dieser Lage zu befreien. Und jetzt los, ich sende dich nach Ägypten!*« (Apostelgeschichte 7,34).

Deutlicher hätte Gott nicht sprechen können. Lillian setzte ihr ganzes Vertrauen auf dieses klare Reden Gottes. Gemeinsam mit ihrer Schwester Jennie und 100 Dollar in der Tasche zog sie los, in ein ihnen vollkommen fremdes Land: nach Ägypten. Ähnlich wie Abraham ließ sie die Sicherheit ihrer Familie und Heimat hinter sich. Und Gott war mit ihr, wie sich im Folgenden deutlich zeigte.

Kurz nachdem sie in Assiut in Mittelägypten angekommen war, wurde sie zu einer Großmutter gerufen, die ihr neugeborenes Enkelkind in den Armen hielt. Die Mutter des Kindes war kurz zuvor gestorben, das Kind war dem Verhungern nahe. Die alte Frau sah keine andere

Lösung, als das Neugeborene in den Nil zu werfen und es dem sicheren Tod zu überlassen. Für Lilian war in dem Moment, als ihr das alles übersetzt wurde, klar, dass sie das Kind bei sich aufnehmen musste. Mit diesem Kind begann der großartige Dienst von Lillian: Sie gründete ein Waisenhaus, das im Laufe der fünf Jahrzehnte ihres Wirkens in Ägypten über 10 000 Kindern nicht nur das Leben rettete, sondern darüber hinaus den Kindern ein Zuhause gab und ihnen eine Ausbildung zuteilwerden ließ. So wurde diesen Kindern eine Zukunft eröffnet, die sie ohne das Waisenhaus nicht erhalten hätten.

Lillian trug zeitweise die volle Verantwortung für bis zu 1200 Kinder, die gleichzeitig in ihrem Waisenhaus lebten. Dabei hatte sie oft nur so viel Geld zur Verfügung, dass es für den jeweiligen Tag zum Einkauf des Essens ausreichte. Doch Gott versorgte sie und die Kinder mit allem, was sie brauchten. Gottes Plan war es offenbar, durch Lillians Vertrauen in ihn und seine Berufung für ihr Leben Lillian als ein glaubhaftes Zeugnis in Ägypten aufzurichten.

Bis heute gibt es das Waisenhaus in Assiut. Bis heute werden dort Kinder versorgt, ausgebildet und begleitet auf ihrem weiteren Lebensweg. Seit vielen Jahren ist es ganz von ägyptischen Christen geführt, die im Sinne von Lillian ihr Leben in den Dienst der Kinder stellen. Auch sie vertrauen Gott und gehen diesen mutigen Weg mit ihm.[6]

So wie Abram im Vertrauen auf Gott in ein fremdes Land ging, so ging Lillian Hunt Trasher viele Hundert Jahre später allein im Vertrauen auf Gott ebenso in ein fremdes Land. Beide taten das im Auftrag Gottes, unter seinem Segen, verbunden mit ihm.

Wie bei Abraham, so spielte auch bei Lillian Hunt Trasher ihr Glaube an Gott die entscheidende Rolle. pistis – Glaube als Vertrauen auf Gott – führte sie beide in ein fremdes Land, in dem sie erlebten, dass Gott treu ist und zu seinen Verheißungen steht. Dass er sich dieses Vertrauens als würdig erweist. Und dass seine Wege mit uns Menschen nicht nur für uns selbst gut sind, sondern dass sie auch für viele andere zum Segen werden.

Wenn ich mir solche Glaubenshelden wie Lillian vor Augen führe, kommen mir meine eigenen kleinen Schritte im Glauben oft so unbedeutend vor. Ich kann mich nicht vergleichen mit ihrem Glauben, ihrem Vertrauen auf Gott. Doch ich weiß, dass auch Menschen wie Lillian ganz gewöhnliche Menschen waren mit ganz normalen Sorgen und Zweifeln. Das verbindet mich mit ihnen. Das ermutigt mich an ihrem Lebenszeugnis. Auch mein Vertrauen auf Gott ist wichtig, und sei es noch so schwach.

Wie bei Abraham, so spielte auch bei Lillian Hunt Trasher ihr Glaube an Gott die entscheidende Rolle. pistis – Glaube als Vertrauen auf Gott – führte sie beide in ein fremdes Land, in dem sie erlebten, dass Gott treu ist und zu seinen Verheißungen steht.

Ein Lied von Hedwig von Redern (1866–1935) drückt das aus, was mich immer wieder bewegt, wenn ich über mein Vertrauen auf Gott nachdenke. Oft suche ich nach dem richtigen Weg für mich. Die Sorgen und Ängste gewinnen die Oberhand und ich weiß nicht mehr, wohin

Gott mich führen will. Dann tut es mir gut, diesen Lied-
text zu lesen:

> Weiß ich den Weg auch nicht, du weißt ihn wohl;
> das macht die Seele still und friedevoll.
> Ist's doch umsonst, dass ich mich sorgend müh,
> dass ängstlich schlägt das Herz, sei's spät, sei's
> früh.
>
> Du weißt den Weg für mich, du weißt die Zeit,
> dein Plan ist fertig schon und liegt bereit.
> Ich preise dich für deiner Liebe Macht,
> ich rühm die Gnade, die mir Heil gebracht.
>
> Du weißt, woher der Wind so stürmisch weht,
> und du gebietest ihm, kommst nie zu spät,
> drum wart ich still, dein Wort ist ohne Trug,
> du weißt den Weg für mich, das ist genug.[7]

Im Vertrauen an Gottes Zusagen festhalten: *Abram*

Immer wieder hatte Gott seine Verheißung wiederholt,
dass Abram durch eigene Nachkommen zum Vater un-
zähliger Menschen des von Gott auserwählten Volkes
werden würde. Was für eine Verheißung! Doch nichts
geschah. Sarai und Abram blieben kinderlos. In ihrer
Verzweiflung versuchten sie, Gottes Verheißung nachzu-
helfen, indem sie die Sklavin Hagar als Leihmutter ein-
setzten. So wurde Ismael geboren: gezeugt von Abram
und geboren von Hagar – und Sarai als Kind zugerechnet.

Sie hatten die Sache selbst in die Hand genommen.
Wo war ihr Vertrauen auf Gott? Trauten sie ihm nicht zu,

seine Verheißungen zu erfüllen? Gott war nicht auf ihren Glauben, ihr Vertrauen angewiesen. Er wiederholte seine Verheißung und änderte die Namen der beiden Eheleute: von Abram zu Abraham, von Sarai zu Sara, das heißt Fürstin, gemeint ist: Sie war eine Fürstin Gottes.

>*Dies ist mein Bund mit dir: Ich will dich zum Vater vieler Völker machen! Du sollst nicht mehr Abram heißen, sondern Abraham, denn ich werde dich zum Vater vieler Völker machen. Ich will dir so viele Nachkommen geben, dass aus ihnen ganze Völker entstehen werden. Auch Könige werden von dir abstammen! [...] Und Gott fügte hinzu: ›Was Sarai, deine Frau, betrifft – du sollst sie nicht länger Sarai nennen. Von jetzt an soll sie Sara heißen. Und ich will sie segnen und dir auch durch sie einen Sohn schenken. Ja, ich will sie überreich segnen und sie zur Mutter vieler Völker machen. Sogar Könige werden unter ihren Nachkommen sein!‹ Abraham warf sich vor Gott auf sein Gesicht, doch insgeheim lachte er. ›Wie kann ich mit 100 Jahren noch Vater werden?‹, fragte er sich. ›Und Sara ist 90 Jahre alt. Wie kann sie da noch ein Kind bekommen?‹*«

1. Mose 17,4-6.15-17, NLB

Doch Gott blieb dabei, dass er durch einen Nachkommen Abrahams und Saras das große Volk Israel gründen wollte und nicht durch Ismael, den Sohn von Abraham und der Sklavin Hagar. Wie schwer muss es Abraham und auch Sara gefallen sein, ihr Vertrauen gegen alle Vernunft weiterhin auf die Verheißung Gottes zu setzen und nicht zu verzweifeln oder gar den Glauben zu verlieren!

Und so erschien Gott Sara und Abraham ein letztes

Mal. Drei Männer kamen zu Besuch und sprachen ihnen erneut zu, dass Gott ihnen schon bald den verheißenen Nachkommen schenken würde. Sara konnte darüber nur lachen, denn sie sah auf die menschlichen Unmöglichkeiten, nicht auf Gottes Möglichkeiten.

> »›Wo ist Sara, deine Frau?‹, fragten sie ihn. ›Im Zelt‹, antwortete Abraham. Da wurde ihm gesagt: ›Nächstes Jahr um diese Zeit werde ich zurückkehren. Dann wird deine Frau Sara einen Sohn haben.‹ Sara aber belauschte das Gespräch vom Eingang des Zeltes aus. Und da Abraham und Sara beide alt waren und Sara schon lange nicht mehr in dem Alter war, in dem Frauen Kinder bekommen können, lachte sie leise. ›Jetzt, nachdem ich verwelkt bin, sollte ich noch an Liebeslust denken?!‹, dachte sie. ›Und mein Mann ist ja auch schon viel zu alt!‹ Da sagte der Herr zu Abraham: ›Warum hat Sara gelacht und gedacht: »Sollte ich wirklich noch ein Kind bekommen, obwohl ich schon so alt bin?« Sollte dem Herrn etwas unmöglich sein? In genau einem Jahr werde ich wieder zu dir kommen. Und dann wird Sara einen Sohn haben.‹ Sara hatte Angst und behauptete: ›Ich habe nicht gelacht.‹ Doch er sagte: ›Doch, du hast gelacht.‹«
>
> 1. Mose 18,9-15, NLB

Das Wunder geschah und Sara wurde trotz ihres hohen Alters schwanger. Gott erfüllte seine Verheißungen: Isaak wurde geboren, der leibliche Sohn von Sara und Abraham. Auf ihm ruhte der Segen Gottes, Gott hatte seine Versprechen erfüllt.

»Durch den Glauben bekam Abraham zusammen mit seiner Frau Sara, die eigentlich keine Kinder bekommen konnte, die Kraft, einen Nachkommen in die Welt zu setzen, als die Lebensjahre, in denen das möglich ist, schon längst verstrichen waren. Das konnte er deshalb, weil er den, der ihm das versprochen hatte, als treu ansah.«

Hebräer 11,11

Abraham hatte die Kraft und die Geduld, die langen Jahre des Wartens auszuhalten, weil er Gottes Treue im Blick hatte. Nach der Geburt von Isaak war er nun wirklich zu Abraham, dem Vater vieler Völker geworden. Er hatte geglaubt, er hatte Gott vertraut. Durch seinen Glauben lernen wir, dass es sich lohnt, auch in schweren Zeiten an Gott festzuhalten.

Er hatte geglaubt, er hatte Gott vertraut. Durch seinen Glauben lernen wir, dass es sich lohnt, auch in schweren Zeiten an Gott festzuhalten

Gerade dann ist Vertrauen, ist *pistis* gefragt. Solange alles glatt läuft, fällt es uns leicht, Gott zu vertrauen, zu glauben. Doch wenn alle Umstände gegen uns sprechen, wenn sich die Hilfe Gottes verzögert oder anders ausfällt, als wir sie uns vorgestellt haben, genau dann ist unser Glaube gefragt. Genau dann bewährt sich unser Vertrauen auf die Verheißungen Gottes, auf seine guten Zusagen für unser Leben.

Im Vertrauen das Unmögliche erwarten: *Maria*

Schauen wir uns ein weiteres Beispiel für Vertrauen aus dem Neuen Testament an: Maria, die Mutter von Jesus. Ohne Vorwarnung trat der Engel Gabriel in das Leben der jungen Frau und überbrachte ihr folgende Botschaft:

> »Hab keine Angst, Maria! Gott hat dich mit seiner Gnade beschenkt. Du wirst schwanger werden und einen Sohn zur Welt bringen. Dem sollst du den Namen Jesus geben. Er wird sehr bedeutend sein und Sohn des Allerhöchsten genannt werden. Gott der Herr wird ihm den Thron seines Vorfahren David übergeben. Er wird bis in alle Ewigkeit als König über das Haus Jakob herrschen. Ja, seine Herrschaft wird niemals enden!«

Lukas 1,30-33

Maria erhielt einen ähnlichen Besuch wie Sara und Abraham von den drei Männern. Bei ihr war es der Engel Gabriel, der mitten im Alltag, ohne große Vorankündigung plötzlich vor ihr stand.

Zu diesem Zeitpunkt war sie bereits mit Josef, einem Zimmermann, verlobt. Maria war wahrscheinlich eher arm und unbedeutend, aber sie stammte aus der königlichen Linie Davids ab. Gott hat sie erwählt, den Erlöser der Welt, den Messias, in sich zu tragen und ihn die ersten Jahre seines Lebens zu versorgen und zu begleiten. Anders als bei Abraham und Sarah war ihre Schwangerschaft nicht mit menschlicher Mitwirkung (sprich Zeugung durch einen Mann) zustande gekommen. Es ist und bleibt ein Geheimnis.

Fest steht: Gott selbst wird in Jesus als Mensch geboren. Er ist wahrer Mensch und wahrer Gott. Das bezeugen die Evangelien, die vier Lebensbeschreibungen von Jesus. Man kann nur erahnen, wie groß das Vertrauen der jungen Frau auf Gott gewesen sein muss, als sie diesem Auftrag Gottes zustimmte. Durch ihren Glauben, ihre Bereitschaft, Gott in allen Dingen zu vertrauen, hat sie uns ein Beispiel gegeben, wie absolutes Vertrauen auf Gott aussehen kann.

Als nun der Engel Gabriel Maria den Auftrag Gottes für ihr Leben vorstellte, wollte sie verstehen, wie das geschehen sollte, da sie doch erst verlobt und noch nicht mit Josef intim geworden war. Maria war eine kluge Frau. Sie stellte ihre Fragen und erhielt die Antwort, dass Gott selbst das Wunder tun werde. Sie musste und konnte nichts dazu beitragen, außer ihre Bereitschaft zu signalisieren. Maria konnte sich Gott nur zur Verfügung stellen und ihm vertrauen. Ihre Antwort war klar und deutlich: »*Hier bin ich, eine Dienerin Gottes des Herrn! Es soll genauso geschehen, wie du es gesagt hast!*« (Lukas 1,38).

Glauben heißt, Gott vertrauen. Ihm alles zutrauen. Auch gegen die menschliche Vernunft zu vertrauen. Es heißt, die Wunder Gottes zu erwarten und zu erleben.

Glauben heißt, Gott vertrauen. Ihm alles zutrauen. Auch gegen die menschliche Vernunft zu vertrauen. Es heißt, die Wunder Gottes zu erwarten und zu erleben. Maria erhielt von dem Engel ein Zeichen, das seine Aussage bekräftigen sollte. Gabriel sagte ihr, dass ihre Verwandte Elisabeth im hohen Alter ihr erstes Kind erwarte.

Maria eilte von Nazareth in Galiläa ins entfernte Hügelland von Judäa, um Elisabeth zu besuchen. Dort angekommen, konnte sie das Wunder dieser Schwangerschaft mit eigenen Augen sehen. Gottes Verheißung war auch hier wahr geworden. Durch die Begegnung dieser beiden Frauen wurde Marias Glaube, wurde ihr Vertrauen auf Gottes Verheißungen für ihr eigenes Leben bestätigt.

> »Maria machte sich in diesen Tagen auf und reiste so schnell wie möglich ins Bergland in einen Ort im Gebiet des Stammes Juda. Sie trat in das Haus von Zacharias ein und grüßte Elisabeth. Als Elisabeth diesen Gruß von Maria hörte, hüpfte das Kind in ihrem Bauch. Da wurde Elisabeth vom heiligen Gottesgeist erfüllt. Mit lauter Stimme rief sie aus: ›Du bist wirklich gesegnet, mehr als alle anderen Frauen, und auch das Kind in deinem Leib ist hoch gepriesen! Wie komme ich nur dazu, dass die Mutter meines Herrn sich selbst auf den Weg zu mir macht? Das sollst du wissen: Als ich deinen Gruß hörte, hüpfte das Kind in meinem Leib vor lauter Jubel! Du bist wirklich glücklich zu preisen! Denn du hast Gott vertraut, dass er das, was er dir zugesagt hat, auch zum Ziel bringen wird.‹«

Lukas 1,39-45

Hier begegneten sich also zwei Frauen, die Gott vertraut hatten. Elisabeth trug ihren Sohn Johannes in sich, der auch Johannes der Täufer genannt wurde. Er würde später das Volk Israel zur Buße aufrufen und damit den Weg für Jesus vorbereiten. Maria trug bei dieser Begegnung schon Jesus, den verheißenen Messias in sich, der als Gott und Mensch in die Welt kam. Sein Auftrag war es, die Schuld der Welt auf sich zu nehmen und für sie zu sterben. Doch das alles war für Maria noch nicht absehbar. Sie hatte ihr ganzes Vertrauen auf die Verheißung Gottes gesetzt und erlebte von da an, wie er sie erfüllte.

Im Vertrauen neue Wege gehen:
Christus Treff Marburg

Was geschieht, wenn wir heute Gottes Verheißung Glauben schenken und im Vertrauen darauf neue Wege gehen? In einem sehr geringen Maß und nicht vergleichbar mit Maria oder Abraham haben wir als Lebensgemeinschaft in Marburg Gottes Wunder erlebt. Mein Mann und ich wohnten in den 1980er-Jahren in einer Sozialwohnung, die direkt an der Bahnlinie lag. Wenn wir abends spazieren gingen, gingen wir oft an einem großen, alten Haus vorbei, dem ehemaligen Kurhotel am Ortenberg, dem Berg gegenüber des Marburger Schlossbergs. In diesem schönen alten Gebäude befand sich damals eine Schule für Ergotherapie und ein kleines, edles Restaurant. Immer, wenn wir dort vorbeigingen, dachte ich: Das wäre ein ideales Haus für den Christus-Treff, unsere einige Jahre zuvor gegründete und kontinuierlich wachsende Gemeinde. Und jedes Mal dachte ich an das Gebot Gottes, nach dem wir ja nicht etwas begehren sollen, was einem anderen gehört. »Du sollst den Besitz deines Nächsten nicht begehren: Weder sein Haus, seine Frau, seinen Sklaven, seine Sklavin, sein Rind, seinen Esel oder sonst etwas, das deinem Nächsten gehört« (2. Mose 20,17, NLB).

Eines Tages hörten wir, dass es verkauft werden sollte. Im Hinterhaus wollte die Schule weiterhin Unterrichtsräume anmieten, das vordere große Haus stand schon leer. Um eine lange Geschichte kurz zu fassen: In allen Leitungsgremien wurde beschlossen, das Haus zu kaufen. Dass es gelang, durch Verhandlungsgeschick und viel Gebet den Kaufpreis von anfangs fünf Millionen auf drei Millionen D-Mark zu senken, ermutigte uns, den Weg weiterzugehen. Wir suchten Beratung durch geistliche Leiter im Land, die uns darin bestätigten und ermutigten, das Haus zu kaufen.

Wir wussten, dass wir eine gewisse Summe an Miete durch die Schule erhalten würden, die noch im zweiten Gebäude auf dem Gelände bleiben wollte. Ansonsten setzten wir unser ganzes Vertrauen auf Gottes Versorgung. Beim Unterzeichnen des Kaufvertrags hatten wir auf dem Vereinskonto nur 260 D-Mark. Wir unterschrieben den Vertrag und wussten nachher nicht, ob wir lachen oder weinen sollten, denn menschlich gesehen war es bei unseren Vermögensverhältnissen unmöglich, dieses Haus abzubezahlen, umzubauen und angemessen zu renovieren. Doch wir hatten uns entschieden, Gottes Auftrag im Vertrauen auf seine Zusagen anzunehmen. Und wir wurden von ihm überrascht mit vielen großen und kleinen Wundern.

So hatte der Notar uns zum Beispiel darauf aufmerksam gemacht, dass die Firma, die die Schule betrieb und uns das Haus verkaufte, selbst noch gar nicht im Grundbuch als Eigentümer eingetragen war und – aufgrund von Veränderungen in ihrer internen Struktur – auch noch nicht im Handelsregister registriert war. Sie mussten diese Eintragungen nachholen. Das führte dazu, dass wir mit Unterzeichnung des Kaufvertrags schon Besitzer, aber noch nicht Eigentümer des Hauses waren. Erst als wir selbst im Grundbuch eingetragen wurden, mussten wir den Kaufpreis zahlen, und damit wurde das Haus unser Eigentum. In der Zwischenzeit – es dauerte einige Monate, bis der Verkäufer die notwendigen Eintragungen erhalten hatte – konnten wir die Mieteinnahmen von der Schule im Hinterhaus dazu nutzen, das Vorderhaus umzubauen. Mehrere Wohnungen wurden in Eigenarbeit der späteren Bewohner renoviert und bewohnbar gemacht. Viele Freunde und Mitarbeiter stellten uns private Darlehen zur Verfügung oder spendeten großzügig.

Heute ist die nach dem Kauf erfolgte Weiterentwicklung des Christus-Treff Marburg ohne dieses große Gemeinschaftshaus nicht vorstellbar. Auch wenn noch nicht alles renoviert ist: Es ist unser Zuhause geworden und hat uns über Jahre hinweg viele Möglichkeiten für die Gemeindearbeit geschenkt.

Er hat uns den Auftrag gegeben und war jeden Schritt auf dem Weg bei uns. Und er hat alle seine Verheißungen erfüllt.

Durchgehalten haben wir die Phasen der finanziellen Engpässe, der Umbauten und mancher unvorhersehbaren Probleme, weil wir darauf vertrauten, dass es Gottes Auftrag für uns war, diesen Weg zu gehen. Er hat uns den Auftrag gegeben und war jeden Schritt auf dem Weg bei uns. Und er hat alle seine Verheißungen erfüllt.

Für mich hat sich bewahrheitet, was Augustinus (354– 430) gesagt hat: »Der Lohn für unseren Glauben wird sein, dass wir schauen, was wir glauben.«[8]

Was wir in Marburg erlebt haben, ist ein Beispiel aus

unserer heutigen Zeit, wie das Vertrauen auf Gott, der Glaube *pistis* in unserem Leben hier und jetzt dazu führt, dass wir mutige Schritte wagen und erleben, wie Gott den Glauben belohnt.

Im Vertrauen auf die Erfüllung der Verheißung warten: *Abraham*

Abraham und Sara haben ein großes Wunder Gottes erlebt. Ihr Sohn Isaak wuchs heran. Auf ihm ruhte die Verheißung Gottes. Doch dann wurde Abrahams Glaube auf eine harte Probe gestellt. Gott forderte ihn dazu auf, seinen geliebten Sohn und so lange ersehnten Nachkommen Isaak Gott als Opfer darzubringen. Diese auf den ersten Blick grausame Geschichte ist für uns nur im Nachhinein im Licht des Neuen Testaments verständlich. In der Liste der Glaubenshelden im Hebräerbrief wird kurz zusammengefasst, wie Gott das Vertrauen von Abraham auf die Probe stellte:

»*Im Vertrauen auf Gott war Abraham bereit, seinen Sohn Isaak als Opfer darzubringen, damals, als er auf die Probe gestellt wurde, seinen einzigen Sohn, auf dem alle Versprechungen für die Zukunft ruhten. Der war der, über den gesagt worden war: ›Deine Nachkommen sollen sich aus der Linie von Isaak weiterleiten.‹ Dabei machte Abraham sich klar, dass Gott auch in der Lage ist, Menschen aus dem Tod wiederzuerwecken. Und – bildlich gesprochen – erhielt Abraham ihn auch von dort wieder zurück.*«

Hebräer 11,17-19; vgl. 1. Mose 22,1-19

»*Einige Zeit später stellte Gott Abraham auf die Probe.
›Abraham!‹, rief Gott. ›Hier bin ich‹, antwortete Abraham.
›Nimm deinen einzigen Sohn Isaak, den du so lieb hast, und
geh mit ihm ins Land Morija. Dort werde ich dir einen Berg
zeigen, auf dem du Isaak als Brandopfer für mich opfern
sollst.‹ Am nächsten Morgen stand Abraham früh auf. Er
sattelte seinen Esel und nahm seinen Sohn Isaak sowie zwei
seiner Diener mit. Dann spaltete er Holz für das Brandopfer und machte sich auf den Weg zu dem Ort, den Gott
ihm genannt hatte. Nach drei Tagen entdeckte er den Berg
in einiger Entfernung. ›Wartet hier mit dem Esel auf uns!‹,
wies er seine beiden Diener an. ›Der Junge und ich werden
noch ein Stück weitergehen. Dort oben werden wir Gott anbeten und dann zu euch zurückkommen.‹ Abraham nahm
das Holz für das Brandopfer vom Esel und legte es Isaak
auf die Schultern. Er selbst trug das Messer und das Feuer.
Während die beiden zusammen auf den Berg stiegen, fragte
Isaak: ›Vater?‹ ›Ja, mein Sohn‹, antwortete Abraham. ›Wir
haben Holz und Feuer‹, sagte der Junge, ›aber wo ist das
Lamm für das Opfer?‹*«

1. Mose 22,1-7, NLB

Diese Geschichte wirft in der Tat viele Fragen für uns auf.
In Abraham müssen kaum vorstellbare innere Konflikte
ausgelöst worden sein. Wie konnte Gott verlangen, dass
er diesen Sohn, den er durch ein Wunder gemeinsam mit
Sara aus Gottes Hand empfangen hatte, opfern sollte?
War Abrahams Vertrauen auf Gott stark genug, dass er
auch diesen Gehorsam aufbringen und Gott das Urteil
überlassen würde? Auch wenn er nicht alles verstand,

den Hintergrund der Anweisung nicht kannte, nicht wusste, wie es ausgehen würde, er gehorchte ohne Murren der Anweisung Gottes. Gemeinsam mit Issak machte er sich auf den Weg, im Gepäck alle Utensilien, die er für ein Opfer benötigte, doch ohne ein Opfertier.

Isaak wunderte sich, dass sie alles für ein Opfer mitnahmen, aber kein Opfertier dabeihatten. Die Antwort seines Vaters auf sein Nachfragen hin ließ noch offen, wo das Opfertier herkommen sollte. Doch Isaak vertraute seinem Vater und stieg gehorsam mit ihm auf den Berg.

»›Gott wird für ein Lamm sorgen, mein Sohn‹, antwortete Abraham. So gingen sie zusammen weiter« (1. Mose 22,8, NLB). Als Abraham mit Isaak an der von Gott genannten Stelle ankam, baute er einen Altar, auf den er das Holz schichtete und seinen gefesselten Sohn als Opfer legte. Abraham hob gerade das Messer, um Isaak zu töten, da rief ein Engel vom Himmel herab:

> *»›Abraham! Abraham!‹ ›Ja‹, antwortete er. ›Ich höre.‹ ›Lass es sein‹, sagte der Engel. ›Tu dem Kind nichts. Denn jetzt weiß ich, dass du Ehrfurcht vor Gott hast. Du hättest sogar deinen einzigen Sohn auf meinen Befehl hin geopfert.‹«*
>
> 1. Mose 22,11-12, NLB

Im letzten Moment, als Issak schon auf dem Opferaltar lag, griff Gott ein und zeigte Abraham den Widder, der sich im Gebüsch verfangen hatte und der jetzt das stellvertretende Opfer sein sollte. Gott selbst hatte sich ein Opfer vorbereitet und Isaak wurde verschont. Das Tier wurde stellvertretend als Opfer dargebracht.

Im Vertrauen auf Gottes rettendes Handeln blicken:
Das Lamm Gottes

In diesem Ereignis steckt eine prophetische Dimension, die Jahrhunderte später durch Jesus zur Erfüllung kam: Nicht Isaak wurde geopfert, sondern Gott hatte ein stellvertretendes Opfer vorbereitet. Jahrhunderte später hat Gott selbst genau das getan, was er hier von Abraham erwartete: Er hat seinen einzigen Sohn Jesus in den Tod gegeben. Jesus wurde das Opferlamm, damit wir nicht selbst mit dem ewigen Tod bestraft werden müssen, sondern das Leben finden können. Jesus gab sein Leben als ein Opfer, das für alle Schuld der Welt bezahlt hat. So erklärt es der Apostel Paulus in seinem Brief an die Christen in der Stadt Ephesus: »*Genauso ist uns ja auch der Messias in seiner Liebe begegnet und hat sich sogar für uns selbst dahingegeben als eine Opfergabe, ja, als ein Brandopfer für Gott, dessen Rauch wie ein Wohlgeruch aufsteigt*« (Epheser 5,2).

Gott hat seine Liebe zu uns dadurch bewiesen, dass er in Jesus die Schuld der Menschheit auf sich nahm und am Kreuz dafür starb. Glauben heißt: Wir setzen unser ganzes Vertrauen darauf, dass Jesus für uns gestorben ist. Das Vertrauen auf Gott zeigt sich in unserer Liebe zu ihm. Das bedeutet für jeden Einzelnen von uns, dass er unsere Schuld getragen hat. Dass wir nicht mehr von Gott gerichtet werden. Dass Gott uns so sehr liebt, dass er seinen Sohn an unserer Stelle sterben ließ. Wir dürfen leben, weil er für uns starb.

> **Glauben heißt: Wir setzen unser ganzes Vertrauen darauf, dass Jesus für uns gestorben ist. Das Vertrauen auf Gott zeigt sich in unserer Liebe zu ihm.**

»*So kann und wird dann jeder, der ihm sein Vertrauen schenkt, durch ihn das Leben haben, das unzerstörbar und ewig ist. Ja, Gott hat diese ganze Welt so in seiner Liebe umfasst, dass er seinen Sohn, der sein Ein und Alles war, hingab. Dadurch ist es jetzt so: Keiner, der sein Vertrauen auf ihn setzt, geht verloren. Wer aber ihm vertraut, der hat damit das Leben voller Ewigkeit.*«

Johannes 3,15-16

Wenn jemand sich auf dieses rettende und stellvertretende Handeln Gottes verlässt, lebt er oder sie fortan ein neues Leben. Wie Isaak, der schon gefesselt auf dem Altar lag, werden wir aus unseren Fesseln der Sünde befreit und können Gott nur danken, dass er ein anderes Opferlamm stellvertretend für uns getötet hat: seinen geliebten Sohn Jesus. Er ist das Lamm Gottes. So bezeichnet ihn Johannes der Täufer: »*Am nächsten Tag sah er Jesus, der auf ihn zukam. Da sagte Johannes: ›Achtet auf das, was ich sage: Der, der da kommt, ist das von Gott auserwählte Opferlamm. Auf ihn wird die Schuld der ganzen Welt gelegt und er trägt sie fort‹*« (Johannes 1,29).

Wir sind freigesprochen von unserer Schuld, weil er für uns unfrei wurde. Wir sind gerettet, weil er sein Leben gab. Deshalb können wir alle darauf vertrauen, dass Gott uns annimmt als seine eigenen Kinder. Durch den Glauben gehören wir zu Gott und er gehört zu uns. Ausgedrückt wird dieser unbeschreibliche Wechsel, der nicht nur mir als Einzelperson, sondern allen Menschen gilt, in dem wunderbaren Weihnachtslied von Nikolaus Herman (um 1480–1561):

Lobt Gott ihr Christen alle gleich, in seinem höchsten Thron,
der heut schließt auf sein Himmelreich und schenkt uns seinen Sohn, und schenkt uns seinen Sohn.

Er kommt aus seines Vater Schoß und wird ein Kindlein klein,
er liegt dort elend, nackt und bloß in einem Krippelein, in einem Krippelein.

Er entäußert sich all' seiner G'walt, wird niedrig und gering
und nimmt an eines Knechts Gestalt, der Schöpfer aller Ding, der Schöpfer aller Ding.

Er wechselt mit uns wunderlich: Fleisch und Blut nimmt er an
und gibt uns in seins Vaters Reich die klare Gottheit dran, die klare Gottheit dran.

Er wird ein Knecht und ich ein Herr; das mag ein Wechsel sein!
Wie könnt es doch sein freundlicher, das herze Jesulein, das herze Jesulein!

Heut schließt er wieder auf die Tür zum schönen Paradeis;
der Cherub steht nicht mehr dafür. Gott sei Lob, Ehr und Preis, Gott sei Lob, Ehr und Preis![9]

Glauben heißt Vertrauen. Aus dem Vertrauen kommt das Schauen. Aus dem Opfer kommt das Leben. Aus Jesus kommt die Rettung. Wer dem Sohn vertraut, der ist gerettet.

Im Vertrauen nicht verzweifeln:
Horatio Gates Spafford

In meinem Arbeitszimmer stehen mehrere Regale gefüllt mit Lebensbeschreibungen von Männern und Frauen, die auf Gott vertraut haben. Ihr Lebensbeispiel hilft mir, mein eigenes Leben und Gottes Handeln in dieser Welt besser zu verstehen. In vielen Biografien wiederholt sich das, was wir über Abraham gelesen haben. Viele Christinnen und Christen mussten durch sehr harte Zeiten gehen, ja, auch selbst große Opfer bringen. Und dennoch hielten sie am Vertrauen zu Gott fest.

So erging es auch Horatio Gates Spafford, der 1828 in Chicago geboren wurde und bis 1888 lebte. Er war ein erfolgreicher Jurist, der sein Geld in Immobilien in Chicago investierte. Zugleich war er ein engagierter Christ und Kirchenältester in der presbyterianischen Kirche. Er heiratete Anna Larsen aus Stavanger in Norwegen. Bei dem großen Feuer in Chicago, das drei Tage lang im Oktober 1871 wütete, verlor das Paar den größten Teil seiner Immobilien und seiner finanziellen Absicherung.

Der erste Sohn starb kurz darauf an Scharlach, ein weiterer harter Schlag für die jungen Eheleute. Danach wurden den Spaffords vier wunderbare Mädchen geboren. 1873 plante die Familie eine Urlaubszeit in England, wo der bekannte Evangelist Dwight L. Moody, ein Freund der Familie, eine groß angelegte Verkündigungsreise durch viele Städte durchführte. Horatio musste seine Abreise aus beruflichen Gründen verschieben und Anna reiste mit den vier Mädchen allein auf dem Schiff SS Ville du Havre über den Atlantik nach England. Am 22. November wurde das Schiff von einem englischen Tanker gerammt und sank innerhalb von nur zwölf Minuten. Wenige Tage später sandte Anna ein Telegramm an ihren Mann: »Saved alone«, »Alleine gerettet.« Alle vier Mädchen waren mit dem Schiff in den Tod gerissen worden.

Sofort reiste Horatio seiner Frau hinterher, um ihr beizustehen. Auf der Überfahrt, die von großer Trauer geprägt war, schrieb er ein Lied, das bis heute die Herzen von Christen weltweit bewegt: »It is well with my soul« – »Mir ist wohl in dem Herrn«. Wie konnte er einen solchen Text schreiben, angesichts des großen Leidens, das über ihn und seine Frau gekommen war?

> Wenn Friede mit Gott meine Seele durchdringt, ob Stürme auch drohen von fern,
> mein Herze im Glauben doch allezeit singt: Mir ist wohl, mir ist wohl in dem Herrn.
>
> Wenn Satan mir nachstellt und bange mir macht, so leuchtet dies Wort mir als Stern:
> Mein Jesus hat alles für mich schon vollbracht; ich bin rein durch das Blut meines Herrn.
>
> Die Last meiner Sünde trug Jesus, das Lamm, und warf sie weit weg in die Fern;
> er starb ja für mich auch am blutigen Stamm: Meine Seele lobpreise den Herrn.
>
> Nun leb ich in Christo für Christum allein, sein Wort ist mein leitender Stern.
> In ihm hab ich Fried und Erlösung von Pein, meine Seele ist selig im Herrn.[10]

Aus diesen Worten spricht ein großes Vertrauen auf Gott.

Trotz alles Leidens, trotz aller Opfer konnte Horatio an Jesus festhalten und mitten in der Trauer sogar zum Lob Gottes durchdringen. Das ist allein durch seine enge Bindung an Gott möglich gewesen.

Horatio und Anna vertrauten Gott auch in dieser furchtbaren Zeit der großen Trauer. Sie blieben nicht im Selbstmitleid stecken. Stattdessen stellten sie sich Gott ganz zur Verfügung. Ihnen wurden noch zwei Kinder geboren, ein Sohn und eine Tochter. Als Familie siedelten sie nach Jerusalem um und gründeten dort die »American Colony«, eine messianisch-jüdische Gemeinschaft, die sowohl arabischen Beduinen wie auch Juden half und in der Bevölkerung sehr geschätzt war. Der Palast, den sie kauften und mit der großen Zahl ihrer Mitglieder bewohnten, wurde in späteren Jahren als Hotel umgebaut und ist bis heute im Besitz der Nachfahren Spaffords. Das »American Colony Hotel« rangiert heute unter den besten Hotels in Jerusalem und gilt im Land als neutraler Ort, an dem sich Vertreter aller Völker und Parteiungen treffen können. An diesem schönen und weltoffenen Ort konnten schon wichtige politische Friedensgespräche geführt werden. Aus dem Leiden der Familie Spafford ist ein Segen geworden, der die Generationen überdauert hat. Und das, weil sie ihr Vertrauen – trotz der persönlichen Not – ganz auf Gott gesetzt haben.

Was wir über pistis festhalten können

Ich weiß nicht, in welcher Situation Sie gerade sind, wenn Sie diese Zeilen lesen. Sind Sie im Aufbruch, Umbruch? Steht ein Umzug, ein Arbeitswechsel an? Wird ein neues

Familienmitglied erwartet oder müssen Sie den Verlust eines geliebten Menschen verarbeiten und sich ganz neu orientieren? Hat Gott Sie in eine neue Aufgabe berufen? Oder führt Ihr Auftrag Sie in ein anderes Land? Können Sie sich mit Abraham und Sara oder mit Lillian Hunt Trasher identifizieren?

Oder ist in Ihrem Leben gerade das Warten auf die Erfüllung einer Verheißung angesagt? Haben Sie Gott um etwas gebeten und erwarten, dass er Ihren Wunsch erfüllt? Wie lange schon warten Sie auf Antwort? Halten Sie fest am Glauben, am Vertrauen? Fühlen Sie sich durch die Beispiele von Maria oder vom Hauskauf in Marburg herausgefordert und ermutigt, Gottes Verheißungen für ihr eigenes Leben zu vertrauen?

Vertrauen Sie auf Gott, denn er ist vertrauenswürdig. Glauben Sie seinen Verheißungen. Bleiben Sie zuversichtlich.

Vielleicht leiden Sie auch gerade an der Führung Gottes. Ihnen wird so manches Opfer abverlangt und Sie fragen sich, ob das alles wirklich Gottes Wille sein kann. Warum lässt Gott uns manchmal so unendlich viel leiden, obwohl wir an ihm festgehalten und ihm vertraut haben? Fühlen Sie sich von Gott auf die Probe gestellt wie Abraham oder erleben Sie gerade ein ähnlich großes Leid wie die Spaffords?

Wo auch immer Sie sich gerade befinden, ich möchte Sie ermutigen: Halten Sie sich an die biblischen Beispiele und werfen Sie Ihr Vertrauen nicht weg. Vertrauen Sie auf Gott, denn er ist vertrauenswürdig. Glauben Sie seinen Verheißungen. Bleiben Sie zuversichtlich.

*»Werft deshalb eure Zuversicht nicht weg, denn darauf
wartet eine große Belohnung.«*

Hebräer 10,36

Credo: Glauben heißt, das Herz schenken

Das lateinische Wort *credere* kommt ursprünglich von
dem Begriff *cor dare* – was übersetzt »das Herz geben
(schenken)« bedeutet. Und da sind wir schon ganz nah
an dem biblischen Verständnis von Glauben. Es geht um
das eigene Herz, das sich vertrauensvoll und mit einer
verbindlichen Treue an Gott verschenkt. Ein Beispiel für
solch eine Hingabe und die daraus folgende Veränderung
des Herzens durch die Begegnung mit Gott sehen wir im
Leben von Mose. Auch er wird als Beispiel für gelebten
Glauben im Hebräerbrief erwähnt:

*»Durch das Vertrauen wurde Mose nach seiner Geburt
drei Monate lang von seinen Eltern versteckt, denn sie sahen, dass das Kind schön war. Dabei hatten sie, trotz des
Befehls des Pharao, alle jüdischen Jungen zu töten, keine
Angst. Aufgrund dieses Glaubens weigerte sich Mose, als
er herangewachsen war, weiter als Sohn der Pharaotoch-
ter angesehen zu werden. Er wollte lieber zusammen mit
dem Volk Gottes leiden, als den nur zeitlichen Genuss eines
gegen Gottes Gebote gerichteten Lebens zu genießen. Er sah
die Schande des Messias als größeren Reichtum an als alle
Reichtümer in Ägypten, denn er schaute auf die Belohnung.
Durch den Glauben verließ er Ägypten ohne Furcht vor der*

Wut des Pharao. Die Augen sozusagen fest auf den unsicht-
baren Gott gerichtet, hielt er standhaft durch.«

Hebräer 11,23-27

Um diese Kurzdarstellung von Moses Leben im Hebräerbrief besser verstehen zu können, hilft ein kleiner Über-
blick über sein Leben.

Sein Herz bei Gott festmachen: *Mose*

Am Anfang des zweiten Buchs Mose können wir die
Geschichte ausführlich nachlesen. Mose wurde als Kind
von israelitischen Eltern in Ägypten geboren, zur Zeit der
Ausbeutung der dort als Sklaven lebenden Israeliten. Die
ihnen auferlegte Zwangsarbeit ermöglichte erst die Um-
setzung der gewaltigen Bauvorhaben der Pharaonen. Das
Volk Israel wurde zu harter Arbeit gezwungen. Hinzu
kam der Versuch des Pharaos, die Zahl der kampfesfähi-
gen jungen Männer unter den Israeliten zu dezimieren.
Deshalb befahl er, alle neugeborenen Jungen zu töten.
Doch zwei mutige Hebammen widersetzten sich dem Be-
fehl des Pharaos. So kam Mose zur Welt und wurde von
seiner Mutter in einem Körbchen im Schilf des Nils versteckt. Seine Schwester Mirjam bewachte ihn dort. Als die
Tochter des Pharaos zum Baden an den Nil kam, entdeckte sie das süße Baby, adoptierte das Kind und nahm es mit
an den Hof des Pharaos. Die erste Zeit wurde Mose noch
von seiner leiblichen Mutter gestillt, doch dann lebte er
ganz wie ein Ägypter am Hof des Pharaos, ausgestattet
mit all den Privilegien des Sohnes einer Pharaonentochter.
   Als Mose erwachsen wurde, bedrückte ihn zuneh-

mend das Leiden seiner leiblichen Familie und des gesamten israelitischen Volkes. Eines Tages sah er, wie ein ägyptischer Aufseher einen Israeliten zu Unrecht schlug. Mose meinte sicher zu sein, dass er nicht beobachtet wurde, und ermordete voller Zorn den Aufseher. Am nächsten Tag wurde klar, dass er doch gesehen worden war. Er musste fliehen und fand in Midian, einer Landschaft auf der Sinai-Halbinsel, Unterschlupf. Dort heiratete er eine einheimische Frau und wurde zum Hirten der Tiere seines Schwiegervaters, des midianitischen Priesters Jethro. Man kann sich vorstellen, dass zwei Herzen in seiner Brust schlugen: War er Ägypter? War er Israelit? Oder war er ein Niemand, der dazu verdammt war, als Fremder unter einem Volk zu leben, das weder israelitisch noch ägyptisch war? Diese Fragen wurden erst beantwortet, als Gott ihm am brennenden Dornbusch begegnete.

Mose entschied sich am brennenden Dornbusch, sein Herz, seine Identität bei Gott festzumachen.

Mose war gerade mit den Schafen in der Halbwüste unterwegs und über die üblichen Weidegebiete hinausgekommen, als er plötzlich einen Busch sah, der zwar brannte, aber nicht verbrannte. Neugierig ging er hin, um zu sehen, wie das möglich war und was diese seltsame Erscheinung bedeuten mochte. Gott rief ihn aus dem Feuer heraus zu sich. Mose näherte sich zögerlich, zog seine Schuhe aus und empfing seinen Lebensauftrag: Er sollte sich voll und ganz für die Befreiung des Volkes Israel aus der Gefangenschaft in Ägypten zur Verfügung stellen.

Mose entschied sich am brennenden Dornbusch, sein

Herz, seine Identität bei Gott festzumachen. Man kann davon ausgehen, dass Mose am Hofe des Pharaos eine solide Ausbildung erhalten hatte. Außerdem war er mit den dortigen Umgangsformen und Sitten vertraut. Dennoch hatte er in seiner Selbstwahrnehmung ein großes Defizit: Er schien einen Sprachfehler gehabt zu haben.

> »Aber Mose erwiderte: ›O Herr, ich bin kein guter Redner; ich bin es nie gewesen – und seit du mit mir, deinem Diener, sprichst, hat sich daran nichts geändert. Ich kann nicht gut reden.‹ ›Wer hat den Menschen einen Mund gegeben?‹, fragte ihn der Herr. ›Wer macht die Menschen stumm oder taub, sehend oder blind? Ich bin es, der Herr! Mach dich jetzt auf den Weg. Ich werde dir helfen und dir zeigen, was du reden sollst.‹ Aber Mose bat: ›Herr, bitte schick doch einen anderen!‹«

2. Mose 4,10-13, NLB

Mose fühlte sich nicht wirklich für den Auftrag geeignet. Doch Gott wollte nicht die Fähigkeiten von Mose, er wollte sein Herz. Er wusste genau, dass Mose jemanden benötigen würde, der sein Defizit ausglich. Deshalb stellte er ihm Aaron zur Seite, Moses älteren leiblichen Bruder. Ihm sollte Mose alles erzählen, sodass dieser für ihn sprechen könnte. Gott versprach, Mose und Aaron bei ihrem Auftrag zu helfen und ihnen zu zeigen, was sie tun sollten.

Da der Pharao jedoch nicht auf die Forderung Gottes durch Mose einging, schickte Gott Plagen über das Land, um den Pharao zur Umkehr zu bringen. Doch der blieb stur. Jedes Mal, wenn eine Plage über die Ägypter hereinbrach, stimmte der Pharao dem Auszug des Volkes

Israel zu, aber sobald die Plage nachließ, änderte er seine Meinung wieder. Insgesamt zehn Plagen sandte Gott. Bei der letzten wurden alle Erstgeborenen Ägyptens in einer Nacht getötet. Das war die Nacht, in der das Volk Israel endlich Ägypten verlassen konnte. Ihre Erstgeborenen wurden von dem Todesengel verschont, der durch die Straßen des Landes zog und tötete. Sie hatten Gottes Anweisungen befolgt, ein Lamm zu schlachten und mit dem Blut des Tieres die Pfosten ihrer Hütten zu bestreichen. Das war das Zeichen, dass sie im Bündnis mit Gott standen und so von der schrecklichen Plage des Todes verschont blieben.

Auch diese Tat war ein prophetisches Handeln, das auf Jesus Christus hinweist. Das Blut des Tieres war wieder ein stellvertretendes Opfer, damit das Leben der Erstgeborenen verschont blieb und der Bund mit Gott auf diese Weise besiegelt wurde. Es ist eine weitere Parallele zu dem am Kreuz vergossenen Blut Jesu. So wie das Blut des Opfertieres das Leben der Erstgeburten rettete, so rettet das am Kreuz vergossene Blut von Jesus uns Menschen. Allein sein Opfer kann uns vor dem Gericht Gottes bewahren. Wer sich auf dieses Opfer beruft, der wird nicht mehr gerichtet, sondern ist in Christus freigesprochen.

Das Volk Israel machte sich in dieser Nacht auf den Weg in die Freiheit. Schon bald kamen die Streitwagen des Pharaos hinter ihnen her, um sie zurückzuholen. Das Volk stand vor den Fluten des Schilfmeeres, da spaltete Gott das Wasser vor ihnen und sie konnten trockenen Fußes hindurchgehen. Als dann die ägyptischen Streitwagen ankamen, war das Volk Israel schon am anderen Ufer in Sicherheit. Das Meer schloss sich wieder und begrub die Verfolger unter sich. Gott hatte sein Volk bewahrt und befreit. Mose konnte Gott vertrauen, weil sein Herz ganz bei Gott war.

Sein Herz Gott geben: *Meine eigene Geschichte*

Als Kind liebte ich die biblischen Geschichten. Ich ging jeden Sonntag in den Kindergottesdienst. Meine Vorstellung von Gott fügte ich mir selbst aus all dem zusammen, was ich gehört hatte. Ich dachte, Gott sei sehr weit entfernt und würde uns vom Himmel aus zuschauen. Ich war davon überzeugt, dass Gott Jesus, einen besonders guten Menschen, in der Taufe zu seinem Sohn erklärt und ihn unter all den Menschen ausgesucht hätte, damit er dann am Kreuz sterben sollte. Die Gleichnisse, die Jesus erzählte, liebte ich und kannte die Wundergeschichten. Doch ich kannte Gott nicht wirklich. Ich hatte bei aller Faszination von Jesus dennoch Angst vor Gott, dem Vater, und hoffte, dass er mich nicht groß in den Blick nehmen würde. Ich befürchtete, dass es mir dann wie den Menschen in der Bibel gehen könnte. Gott hat immer wieder ganz normale Menschen ausgesucht und sie in seine Pläne einbezogen. Ich dachte, dass Gott mich vielleicht auch für einen solchen Auftrag ins Visier nehmen könnte und ich dann eventuell auch für den Glauben große Aufgaben erfüllen oder sogar sterben müsste.

In den 1970er-Jahren breitete sich dann eine Erweckung unter Jugendlichen aus, damals als Jesus-People bekannt. Diese Bewegung hatte ihren Ursprung in den USA und führte in vielen westlichen Ländern hauptsächlich Jugendliche zum Glauben an Jesus. Ich wurde 1973 in einen Jugendkreis im evangelischen Gemeindehaus im benachbarten Stadtteil von Duisburg eingeladen. Obwohl ich viel aus der Bibel kannte und auch in die Kirche ging, war ich bei meinem ersten Besuch in diesem Kreis geschockt. Meine Altersgenossen beteten dort zu Jesus. Ich empfand das als Gotteslästerung. In meiner Vorstellung musste man zu Gott beten. Aber auch das nur bei ganz besonders dringlichen Anliegen, denn Gott war ja mit so viel großen und weltweiten Nöten beschäftigt, dass man ihn nicht mit Lappalien stören sollte. Doch genau das taten diese Jugendlichen. Sie beteten für jemanden, der eine Grippe hatte. Ich fand das unverschämt, Gott mit so etwas Banalem zu belästigen. Eine Grippe macht jemanden für eine Woche krank, dann ist das vorbei. Würde Gott an so einer Krankheit überhaupt interessiert sein?

In der Schule waren wir vor den »Jesus-People« gewarnt worden. Nun, dachte ich, bin ich genau bei denen gelandet, vor denen wir so eindrücklich gewarnt worden waren. Als wir nach dem Jugendkreis noch bei einer Mitarbeiterin der Gruppe

Ihr vertrauensvoller und persönlicher Umgang mit Jesus und mit Gott ließen mich ahnen, dass der Glaube mehr sein konnte, als nur biblische Geschichten zu kennen.

zum Abendessen eingeladen waren, aß ich nichts, denn ich hatte Angst, dass jemand Drogen unter den Kartoffelsalat gemischt haben könnte. Ich konnte mir einfach nicht erklären, wieso junge Leute sich so einem Glauben anschließen konnten, und dachte, sie seien alle durch Drogen oder Gruppenhypnose dazu gezwungen worden. Ich hielt sie für naiv und verführt von irgendwelchen Sektenführern, die ja auch in den 70er-Jahren Hochkonjunktur unter jungen Menschen hatten. Das war die eine Seite in mir. Auf der anderen Seite war ich irgendwie angezogen von ihnen: ihr persönlicher Glaube und vor allem ihr Miteinander in der Gruppe beeindruckten mich zutiefst. Ihr vertrauensvoller und persönlicher Umgang mit Jesus und mit Gott ließen mich ahnen, dass der Glaube mehr sein konnte, als nur biblische Geschichten zu kennen. Ich ging immer wieder in diesen Jugendkreis in Duisburg-Beeck und wurde bald schon Teil der Gruppe. Wenig später kam ich sogar in das Leitungsteam.

Einmal planten wir als Kellerkirche – so nannten wir uns damals, weil wir uns im Keller des Evangelischen Gemeindehauses trafen – gemeinsam mit einem älteren Evangelisten eine evangelistische Jugendwoche in unserem Stadtteil. Ich war mit Eifer dabei und gehörte zur Leitung. Am ersten Abend sprach der Evangelist über das Herz. Er erklärte uns folgenden Text, in dem Gott seinem Volk verspricht: »*Und ich werde euch ein neues Herz geben und euch einen neuen Geist schenken. Ich werde das Herz aus Stein aus eurem Körper nehmen und euch ein Herz aus Fleisch geben. Und ich werde euch meinen Geist geben, damit ihr nach meinem Gesetz lebt und meine Gebote bewahrt und euch danach richtet*« (Hesekiel 36,26-27, NLB).

Der Evangelist zeigte uns einen Stein und sagte, dass unser Herz ohne Gott wie ein Stein sei. Der Stein könne sich erwärmen, wenn er in der Sonne liege. Er habe aber keine eigene Wärme in sich. Er sei eigentlich tot. So erlebte ich damals auch meinen Glauben. Ich wusste vieles, hatte so manche meiner Vorstellungen von Gott im

Laufe der Teilnahme am Jugendkreis korrigiert, aber es hatte mich noch nicht von innen heraus erfasst. Ich führte weiterhin eine Art Doppelleben: Im Jugendkreis war ich ganz fromm und ein paar Stunden später schon lebte ich wieder wie alle anderen jungen Leute in meinem Alter auch und suchte vorrangig mein eigenes Vergnügen. Gott spielte nur dann eine Rolle in meinem Leben, wenn ich mit anderen Christen zusammen war. War ich allein, war mein Glaube verschwunden.

So spürte ich am ersten Abend der Verkündigungswoche, dass ich trotz all meines Wissens über Gott noch ein solch steinernes Herz hatte. Der Verkündiger sprach davon, dass Gott uns das lebendige Herz schenken wolle, dass er jedoch auf unsere Einwilligung dazu warte. So wie man vor einer Operation mit dem Arzt spreche und dann dem Eingriff zustimme, so warte Gott darauf, dass wir ihm erlaubten, uns das steinerne Herz zu nehmen und es mit dem lebendigen Herz zu ersetzen. Solch eine »Operation« am Herzen brauchte ich, wie sie vom Propheten Hesekiel beschrieben wird.

Am ersten Abend der Jugendwoche, die ich ja selbst mit geplant hatte, entschied ich mich also dazu, mein Herz Gott zu geben und ein neues, lebendiges Herz zu erbitten. Mir war klar, dass ich dieser »Operation«, also diesem geistlichen Eingriff in meinem Inneren, zustimmen musste, dass so etwas nicht automatisch geschieht. Ich schenkte Gott mein Herz, und bat ihn durch ein einfaches Gebet, es auszutauschen gegen ein lebendiges Herz. Gott tat genau das. Der Glaube war von nun an lebendig in mir, in meinem Herzen. Ich konnte Gottes Liebe spüren. Meine Gedanken und mein Leben änderten sich ab diesem Augenblick. Ich spürte, dass die Zusagen aus der Bibel für mich Wirklichkeit geworden waren. Ich war jetzt innerlich mit Gott verbunden und Jesus lebte durch seinen Heiligen Geist in mir.

Ich hatte Gott mein Herz geschenkt, so wie es das lateinische Wort für Glauben ausdrückt *cor dare* – ich gebe das Herz – oder anders ausgedrückt: *credo*, ich glaube. In diesem neuen, von Gott geschenkten Herzen wohnt der Geist Gottes. Er macht den Glauben lebendig. Er zeigt mir, wie Gott ist. Er redet zu mir und leitet mich an, wie ich die Bibel verstehen kann. Er versichert mir tief im Herzen, dass Gott mich liebt und dass er mich annimmt, wie ich bin. Diese Erfahrung drückt auch der Apostel Paulus in seinem zentralen Brief an die Christen in Rom aus.

»Ja, es ist so: Alle, die dem Geist Gottes erlauben, sie zu leiten, sind die Söhne und Töchter Gottes. Denn ihr habt ja von Gott keine Geisteshaltung bekommen, wie sie Sklaven haben, was zu einem Leben in Furcht führen würde. Sondern ihr habt den Gottesgeist empfangen, durch den als rechtmäßige Söhne und Töchter in seine Familie aufgenommen werdet. Durch diesen Geist rufen wir deshalb auch in unseren Gebeten: Abba, Vater! Genau dieser Gottesgeist bestätigt unserem innersten Geist, dass wir wirklich Kinder Gottes sind. Wenn wir nun seine Kinder sind, dann sind wir auch seine rechtmäßigen Erben. Wir sind Erben Gottes, Miterben des Messias. Es ist wirklich so: Wenn wir zusammen mit ihm das Leiden auf uns nehmen, dann werden wir auch mit ihm zusammen in seine wunderbare Herrlichkeit, seinen Lichtglanz, mit hineingenommen werden.«

Römer 8,14-17

Gott ist immer noch damit beschäftigt aus mir einen Menschen nach seinem Willen zu formen, so wie er es im Hesekiel-Text versprochen hat. Es ist ein Prozess, der mit meiner Einwilligung beginnt und dann mein Leben Stück für Stück verändert. Mein Herz ist der Ort, an dem Gott durch seinen Geist wohnt. So beginnt eine Veränderung von innen nach außen. Gemeinschaft mit Gott ist das Ziel. Dazu sind wir als Menschen geschaffen. Und nach dieser Gemeinschaft sehnen wir uns, nach ihr suchen wir in vielen Dingen in unserem Leben. *Credo*, ich glaube. Ich gebe Gott mein Herz und bitte ihn um das neue, lebendige und von seinem Geist erfüllte Herz. Und das heißt dann auch, dass wir neu denken und leben können – man könnte auch sagen, das Leben neu mit dem Herzen sehen. Unser Herz lenkt unsere Taten. Wenn

Wenn wir unser Herz Gott anvertrauen, werden wir lebendig, werden Gottes Anliegen zu unseren Anliegen, strömt seine Liebe in unser Herz.

wir unser Herz Gott anvertrauen, werden wir lebendig, werden Gottes Anliegen zu unseren Anliegen, strömt seine Liebe in unser Herz. Wir wollen lernen, zu lieben. Ja sogar unsere Feinde zu lieben. Wir wollen diese Welt verändern, wollen helfen, Menschen aus den Gefangenschaften in ihrem Leben zu befreien.

Sein Herz mit Gottes Frieden füllen: *John Newton*

Überall, wo Menschen ihr Herz Gott schenken, wo sie ihn mehr lieben als ihr eigenes Leben, verändert sich die Welt ein Stück zum Guten. Solch einen Wandel des Herzens hat John Newton erlebt. Er wurde 1725 in London geboren. Sein Vater, der selbst zur See fuhr, führte ihn in die Seefahrt ein und nahm ihn als Junge schon auf längere Überfahrten mit. Newton war 18 Jahre alt, als er sich zum ersten Mal allein dem harten Leben auf den Schiffen stellen musste. Zunächst heuerte er auf einem Handelsschiff an. 1743 wurde er bei einem Heimataufenthalt auf dem Weg zu Freunden zwangsrekrutiert und so Teil der königlich-britischen Marine an Bord der HSM Harwich. Sein Versuch, zu desertieren, scheiterte. Die Strafe war hart: Vor den Augen seiner 350 Seemannskameraden wurde er ausgepeitscht und als Demütigung degradiert vom Leutnant zum einfachen Seemann. Er dachte darüber nach, den Kapitän oder sich selbst zu töten, so sehr setzte ihm diese Erniedrigung zu. Doch als während der Zeit an Bord die körperlichen Wunden langsam heilten, überwand er auch den Hass und die Scham und ließ diese Gedanken hinter sich. Seine Zeit auf dem Marineschiff ging schließlich zu Ende und Newton heuerte auf einem Sklavenschiff an, das nach Westafrika unterwegs war.

Auf dem Hinweg transportierte man übliche Handelsware, auf dem Rückweg brachte man Sklaven in die Karibik oder nach Nordamerika und verkaufte sie dort. Newton überwarf sich mit der Mannschaft an Bord und wurde von ihnen in Westafrika zurückgelassen. Der Kapitän des Schiffes verschenkte ihn an die Prinzessin des Sherbro Volkes an der Küste von Sierra Leone. Sie war sehr stark in den Sklavenhandel verwickelt und hatte viele andere afrikanische Stämme ausgebeutet. Nun wurde Newton selbst zum Sklaven. Die Prinzessin misshandelte ihn genauso wie ihre vielen anderen Sklaven. Was für eine erniedrigende Erfahrung und hoffnungslose Lage für den stolzen Seefahrer!

Sein Vater bat derweil einen befreundeten Seemann, nach dem verschollenen Sohn zu suchen. So wurde Newton 1748 gerettet, als der Freund des Vaters ihn an der Küste von Sierra Leone fand. Auf der Überfahrt zurück in die Heimat hatte Newton an Bord eine Begegnung mit Gott. Das Schiff geriet vor Irland in Seenot. Er schrie zu Gott um Rettung. Die Ladung verrutschte und verschloss wie durch ein Wunder das Leck im Schiff. Es drang kein weiteres Wasser ein und so wurde das Schiff vor dem Kentern und alle an Bord vor dem Tod bewahrt. Newtons Weg zu Gott, zu einem Leben als Christ, begann mit dieser Erfahrung, dass Gott die Gebete erhört hatte. Er fand zum Glauben an Gott, er schenkte ihm sein Herz.

Newton musste noch viel über das Leben als Christ lernen. Er beendete das Glücksspiel und hörte auf zu trinken und Gewalt anzuwenden. Doch er fuhr weiterhin auf den Sklavenschiffen mit und erkannte noch nicht das große Unrecht, das den Sklaven angetan wurde, ja, er stieg sogar vom Maat zum Kapitän auf. John Newton war ein Kind seiner Zeit. Kaum jemand sah es damals als falsch oder verwerflich an, Sklaven zu besitzen. Der Besitz von Sklaven wurde lange Zeit sogar mit einzelnen biblischen Texten begründet.

Doch Gott zeigte Newton nach und nach mehr davon, was es heißt, als Christ zu leben. Bei einer Reise nach Westafrika erkrankte er schwer an hohem Fieber. Er schrie zu Gott und bekannte alle Schuld, die ihm bewusst war. Von nun an änderte sich sein Glaube radikal. Er wurde zu seinem sehr persönlichen Glauben. Für Newton war dieses

Schuldbekenntnis der Anfang einer tiefen und dankbaren Herzensbeziehung zu Gott. Nach dem Schuldbekenntnis spürte er zum ersten Mal Frieden in seinem Herzen. Als er 1754 einen Schlaganfall erlitt, gab er die Seefahrt ganz auf. In England begann Newton eine theologische Ausbildung und wurde schließlich zum Pastor in der St. Mary Woolnoth Gemeinde in London.

Erst 1788, 34 Jahre nach seinem letzten Einsatz auf einem Sklavenschiff, änderte John Newton seine Einstellung zum Sklavenhandel. Das war eine Folge seines Christseins und der damaligen durch die Wesley-Brüder ausgelösten Erweckung, die ganz England erfasste. Ihre Verkündigung blieb nicht beim persönlichen Heil stehen, sondern befasste sich auch mit den sozialen Folgen, mit Gerechtigkeit und Heiligung. Davon beeinflusst, wurde Newton zum Kämpfer für die Abschaffung der Sklaverei. Gemeinsam mit dem jüngeren William Wilberforce, der Mitglied im Parlament war und sich von Newton beraten ließ, setzte er sich für das Ende der Sklaverei ein. 1807 erlebte Newton noch mit, wie das entsprechende Gesetz im Parlament verabschiedet wurde. Seine Lebensgeschichte hat er selbst in einem Lied zusammengefasst, das bis heute zu einem der meist gesungenen Lieder weltweit gehört: »Amazing Grace«.[11] Darin drückt er aus, wie die »wunderbare Gnade« Gottes ihn vollkommen verändert und erneuert hat:

Amazing grace! (how
sweet the sound)
That sav'd a wretch like
me.
I once was lost, but now
I'm found;
Was blind, but now I see.

'Twas grace that taught my
heart to fear,
And grace my fears
reliev'd.
How precious did that
grace appear,
The hour I first believed.

Thro' many dangers, toils,
and snares,
I have already come;
'Tis grace that brought me
safe thus far,
And grace will lead me
home.

The Lord has promis'd
good to me,
His word my hope secures;
He will my shield and
portion be,
As long as life endures.

Erstaunliche Gnade! (welch
lieblicher Klang)
Die einen Schuft wie mich
errettet hat!
Einst war ich verloren, doch
nun bin ich gefunden;
war blind, doch nun sehe ich.

Es war Gnade, die meinem
Herzen Furcht lehrte,
Und Gnade, die meine Ängs-
te von mir nahm;
Wie kostbar erschien jede
Gnade
in der Stunde, als ich zu glau-
ben begann!

Durch viele Gefahren, Mühsal
und Fallstricke
Bin ich schon gegangen;
Es ist Gnade, die mich sicher
bis hierher gebracht hat,
Und Gnade wird mich nach
Hause führen.

Der Herr hat mir Gutes verheißen,
Sein Wort macht meine Hoffnung gewiss;
Er wird mein Schild und
mein Teil sein,
solange das Leben dauert.

Ja, wenn dies Fleisch und
Herz versagen

Yes, when this flesh and heart shall fail,	Und das sterbliche Leben aufhört,
And mortal life shall cease,	Besitze ich hinter dem Vorhang
I shall possess within the veil,	Ein Leben voller Freude und Frieden.
A life of joy and peace.	
	Die Erde wird sich bald auf-lösen wie Schnee,
The earth shall soon dissolve like snow,	Die Sonne aufhören zu schei-nen;
The sun forbear to shine;	Doch Gott, der mich hier unten gerufen hat,
But God, who call'd me here below,	Wird für immer mein sein.
Will be forever mine.	

12

John Newton hatte Frieden gefunden, weil er Gott sein Herz gab. Schon der Kirchenvater Augustinus (354–430) hatte diese Erfahrung des Friedens im Herzen gemacht und es so ausgedrückt: »Ruhelos ist unser Herz, bis es ruht in dir, o Herr.«[13]

Über viele Jahre hinweg hat Gott am Herzen Newtons gearbeitet und ihn verändert. Das ist genau das, was im Buch Hesekiel versprochen ist: »Ich will meinen Geist in euch geben und will solche Leute aus euch machen, die in meinen Geboten wandeln und meine Rechte halten und danach tun« (Hesekiel 36,27, Lut 2017).

Diese Erfahrung kann jeder Mensch machen. In seiner großen Güte nimmt Gott uns so an, wie wir sind. Doch er verändert unser Herz jeden Tag mehr, wenn wir in seinem Wort leben und nach seinem Willen fragen. Das ist Glaube. Das Herz an Gott hängen und sich von ihm verändern lassen.

Wenn Gott unser Herz erneuert, bringt er uns auch in Bewegung. Wir wollen seine Liebe, die unser Herz füllt, mit anderen Menschen teilen. Wir wollen, dass alle Menschen in gleicher Weise geachtet und geliebt werden, weil sie von Gott genau so geliebt sind. Es mag eine Zeit dauern, bis wir in unserem Denken

Das ist Glaube. Das Herz an Gott hängen und sich von ihm verändern lassen.

und Handeln Gottes Willen entsprechen können, bis der Heilige Geist aus uns einen Menschen nach dem Herzen Gottes gemacht hat. Dennoch sind wir schon jetzt von Gott geliebt und können an ihn glauben, den Anfänger und Vollender unseres Glaubens. Das sagt auch der Verfasser des Hebräerbriefs als Fazit nach seiner Darstellung der Männer und Frauen, die durch ihr Leben Vorbilder des Vertrauens und Glaubens waren:

»Weil das so ist, dass wir umgeben sind von einer solch großen Menge von Menschen, die durch ihr Leben die Wahrheit der Worte Gottes bestätigt haben, lasst uns jede unnötige Belastung von uns abwerfen und auch die Schuldverstrickung, die uns so leicht umgarnt. Lasst uns mit Ausdauer den Wettlauf durchhalten, der vor uns liegt. Lasst uns den Blick erheben zu Jesus. Er hat den Grundstein für unser Vertrauen gelegt und steht auch schon als Sieger an der Ziellinie. Er hat mit Blick auf die unübertreffliche Freude, die vor ihm liegt, den Kreuzestod auf sich genommen. Er hat die damit verbundene Schande nicht beachtet und

sich so am Ende auf den Ehrenplatz zur rechten Seite des
Thrones Gottes gesetzt.«

Hebräer 12,1-2

Was wir über credo festhalten können

Wir haben jetzt über den zweiten Aspekt des Glaubens nachgedacht: *credo* – unser Herz Gott anvertrauen. Was denken Sie dabei? Vielleicht fühlen Sie sich wie Mose, der zunächst gar nicht wusste, wo er hingehörte, und der erst in der Begegnung mit Gott zu sich selbst und zu dem großen Lebensauftrag seines Lebens fand?

Vielleicht machen Sie Ihr Herz bei Gott fest und entdecken, dass trotz aller Probleme und Einschränkungen Ihres Lebens Gott Sie gebrauchen kann? Dass er Ihnen Menschen an die Seite stellt, mit denen Sie gemeinsam viel Gutes erreichen können?

Die entscheidende Frage ist, wem Ihr Herz gehört. Welchen Platz hat Gott ihn Ihrem Leben, in Ihrem Herzen? Lassen Sie sich von Gott ermutigen, der Herz-Operation zuzustimmen. Erleben Sie wie John Newton, dass Gott Einzug hält in Ihr Leben und dass er es Stück für Stück verändert und von negativen Einflüssen und Zwängen befreit. Werden auch Sie zu einem Menschen, der sich für die Rechte und Würde anderer Menschen einsetzt.

Aman: Glauben heißt, fest stehen

Glaube beginnt nicht mit einer Gewissheit, sondern mit einer Entscheidung. Das hebräische Wort für Glaube, das im Alten Testament verwendet wird – *aman* –, bedeutet

»sich gründen, fest stehen«. *Aman* kann auch bedeuten, dass man dauerhaft und beständig ist. Es geht bei *aman* um das Fundament des Lebens. Worauf baue ich mein Leben? Was trägt mich in guten und in schlechten Tagen?

Im Glauben sich gut gründen: *Vom Hausbau*

In Krisenzeiten zeigt sich, worauf wir unser Leben gegründet haben. Ist es der Erfolg? Ist es die Familie? Ist es die finanzielle Absicherung? Unsere Grundwerte treten dann ans Licht, wenn wir aus der alltäglichen Routine herausgerissen und in ungewisse Fahrwasser geworfen werden.

Jesus hat in einem Gleichnis über den Untergrund, das Fundament, bei einem Hausbau gesprochen. Es ist eine Beispielgeschichte, die die Zuhörenden vielleicht auch zum Schmunzeln gebracht hat: Wie kann jemand nur so dumm sein?

Unsere Grundwerte treten dann ans Licht, wenn wir aus der alltäglichen Routine herausgerissen und in ungewisse Fahrwasser geworfen werden.

Hier das Gleichnis:

>»Jeder Mensch, der meine Worte hört, sie aufnimmt und das in die Tat umsetzt, was ich sage, der ist wie ein umsichtiger Mensch, der sein Haus auf einen festen, felsigen Untergrund baute. Selbst wenn in der Regenzeit ganz viel Niederschlag auf einmal fällt und die ausgetrockneten Flusstäler sich mit Wasser füllen und wenn die Stürme sich

*erheben und gegen das Haus stoßen, macht das dem Haus
nichts aus. Es steht unerschütterlich, denn es ist ja auf dem
Felsen gebaut. Aber jeder, der hört, was ich sage, und es
dann nicht in die Tat umsetzt, ist wie ein ziemlich dummer
Mensch, der sein Haus im Flusstal auf den sandigen Untergrund baut. Wenn dann die Regenzeit kommt und mit ihr
starke Regenfälle, wenn die Sturzbäche durch das Flusstal
donnern und wenn die Sturmwinde gegen das Haus schla-
gen, fällt es zwangsläufig in sich zusammen. Kein Stein
bleibt auf dem andern.«*

Matthäus 7,24-27

Die Reaktion der Zuhörenden auf diese Geschichte, die
Jesus erzählte, war heftig. Sie verstanden, dass er hier
über die Grundlagen ihres eigenen Lebens redete. Sie
fühlten sich ertappt, wachgerüttelt und herausgefordert.
Was sie aber am meisten überraschte, war die Autorität,
mit der Jesus sprach. Dieses Bild vom Fundament des Le-
benshauses sollte uns alle wachrütteln. Worauf können
wir sicher fallen, wenn alles um uns herum ins Wanken
gerät? Welche Werte und Normen ändern sich nicht? Wer
ist so zuverlässig, dass wir ein Leben lang mit seiner Hilfe
rechnen können?

Im Glauben um Gottes Treue wissen:
Auf dem Schaufelraddampfer

Im »Jahr mit der Bibel 1992« war ich mit verantwortlich
für eine Bibelausstellung auf einem Schaufelraddampfer,
der von Dresden nach Hamburg fahren sollte. Da die Elbe
in dem Jahr zu wenig Wasser führte, blieben wir länger

als geplant in Dresden vor Anker. Dort kam eine ältere Frau in den kleinen Bibelshop an Bord, öffnete eine Bibel an beliebiger Stelle, las und fing spontan an zu weinen. Im Gespräch wurde klar, dass sie zufällig ihren Konfirmationsspruch aufgeschlagen hatte. Sie weinte, denn sie wusste, dass Gott hier noch einmal zu ihr sprach. Im Weiteren erzählte sie mir ihre Geschichte:

Sie war in einem christlichen Elternhaus aufgewachsen. Ihre Eltern hatten ihr immer gesagt, dass sie sich auf Jesus verlassen könne und dass, wenn sie einmal im Leben in große Schwierigkeiten geraten sollte, sie sich wieder an Jesus wenden und ihn um Hilfe bitten solle. Doch sie ließ den Glauben ihrer Eltern hinter sich und widmete ihre ganze Kraft dem Aufbau des sozialistischen Staates, der DDR. Der christliche Glaube schien ihr überholt zu sein und die Zukunft gehörte ihrer Ansicht nach dem Sozialismus.

Als die DDR zerbrach und das politische System entlarvt und abgeschafft wurde, brach ihre Welt zusammen. Sie erinnerte sich an die Worte ihrer Eltern und machte sich auf die Suche nach Gott. Jetzt war sie auf dem Bibelschiff und las ihren Konfirmationsspruch. Sie verstand, dass Gott ihr neu begegnen wollte und dass er ihr ein Lebensfundament anbot, das nicht mit den wechselnden Zeitströmungen zerstört werden kann. Sie fing zaghaft wieder an, an Gott zu glauben und ihr Leben neu auf ihn auszurichten. Was ihr aber sehr viel Kummer machte, war im Rückblick die Erziehung ihrer eigenen Kinder. Denen hatte sie kein solches Fundament mitgegeben, wie es ihre Eltern ihr mitgegeben hatten. Jetzt machte sie sich Sorgen, worauf die Kinder und Enkel denn ihr Leben gründeten und ob es noch eine Chance gebe, ihnen den Glauben an den lebendigen Gott zu vermitteln. Sie kaufte eine Kinderbibel mit dem festen Vorsatz, ihren Enkeln daraus vorzulesen. Sie hatte erkannt, was im 1. Korintherbrief steht:

> »Doch ein anderes Fundament kann niemand legen außer dem, das ein für alle Mal gelegt ist. Und dieses Fundament ist Jesus, der Messias«

1. Korinther 3,11.

Im Glauben den Augenzeugen vertrauen:
Die Bibel

Der Glaube beruht auf Tatsachen, auf Fakten. Das Neue Testament ist glaubwürdig. Die vier Evangelien sind vier Berichte über das Leben Jesu, die zum Teil von Augenzeugen selbst stammen und zum Teil von Verfassern, die die Berichte der Augenzeugen gesammelt und niedergeschrieben haben. Genau das macht Lukas am Anfang seines Evangeliums deutlich. Er beschreibt sein Vorgehen bei seiner Recherche und Niederschrift:

> »Hochverehrter Theophilus! Nachdem jetzt schon viele Personen sich darin versucht haben, einen Bericht zusammenzustellen von den Dingen, die sich in unserer Mitte ereignet haben – und das aufgrund der Aussagen derjenigen, die selbst Augenzeugen waren und sich dann der Aufgabe gewidmet haben, diese Botschaft weiterzugeben –, habe auch ich es für gut erachtet, es für dich der Reihe nach aufzuschreiben, nachdem ich alles ganz genau von seinem Anfang an untersucht habe, damit du die Zuverlässigkeit der

Berichte und Aussagen erkennst, in denen du unterrichtet worden bist.«

Lukas 1,1-4

Die Evangelien wurden schon wenige Jahrzehnte nach der Auferstehung von Jesus geschrieben. Zu der Zeit lebten noch viele Menschen, die ihn persönlich gekannt, seine Wunder gesehen und seine Worte gehört hatten. Noch früher sind die meisten Briefe im Neuen Testament niedergeschrieben worden. Sie zeigen die starke historische Verankerung von der weltverändernden Botschaft von Jesus. Besonders eindrücklich ist die Aussage von Paulus im Korintherbrief, den er nur etwa 25 Jahre nach dem Tod und der Auferstehung von Jesus verfasst hat:

»Mir ist es ein Anliegen, liebe Schwestern und Brüder, dass ihr das versteht: Die gute Nachricht, die wir euch gebracht haben, die ihr ja auch für euer Leben angenommen habt und die ja auch das Fundament ist, auf dem ihr steht, das ist die Botschaft, durch die ihr das Heil erfahren habt. Euch gilt das, wenn ihr an dem festhaltet, was wir euch als Inhalt dieser guten Botschaft weitergegeben haben. Sonst ist es so, dass euer Glaube sich als inhaltlos erweist. Ich habe euch ja ganz am Anfang das als verbindliche Wahrheit übergeben, was ich auch selbst so übernommen habe: Der Messias ist für unsere Sünden gestorben, so wie es ja auch in Gottes Buch geschrieben steht. Und auch das: Er wurde ins Grab gelegt. Er wurde am dritten Tag wieder zum Leben erweckt, so wie das Buch Gottes es schon vorhergesagt hat. Und: Dann erschien er dem Kephas und danach der Gruppe seiner zwölf Weggefährten. Danach erschien er deutlich fünf-

hundert Schwestern und Brüdern gleichzeitig. Von denen sind die meisten noch bis jetzt am Leben, doch einige sind gestorben. Danach erschien er dem Jakobus und danach der gesamten Gruppe der Apostel.«

1. Korinther 15,1-7

Als die ersten Berichte über das Leben und Wirken von Jesus aufgeschrieben wurden, lebten noch viele Augenzeugen, die sowohl seine Wunder als auch seine Auferstehung bezeugen konnten.[14] Anders als z.B. bei Buddha, dessen erste Biografie erst etwa 700 Jahre nach seinem Tod geschrieben wurde.

Was Jesus am Kreuz für uns getan hat, ist die Grundlage unseres Glaubens. Wir verbinden uns im Glauben mit Jesus, dem Gesalbten Gottes, dem Messias. Alle Verheißungen im Alten Testament werden in Jesus erfüllt. Er ist der Retter der Welt, der dem Volk Israel über Jahrhunderte verheißen war. Weil Jesus unsere Schuld auf sich genommen hat, können wir Vergebung erfahren. Unser Leben gründet sich also auf das Sterben und Auferstehen von Jesus. Dieser Grund ist ohne unser Zutun gelegt worden.

Was Jesus am Kreuz für uns getan hat, ist die Grundlage unseres Glaubens.

Das ist Gnade. Ein Geschenk. Der Glaube an die Erlösung allein aus Gnade ist das Geschenk, das Gott uns Menschen macht. Wir können und müssen nichts leisten, nichts beweisen. Wir können das Geschenk annehmen und auf diesem Fundament unser Leben aufbauen. Wer in Christus ist, der ist eine neue Kreatur, eine neue Schöpfung. Das Leben beginnt neu, wenn wir im Glauben das Geschenk der Gnade annehmen.

Der Christenverfolger und jüdische Gelehrte Saulus erlebte diese entscheidende Wende in seinem Glauben, als er Jesus selbst begegnete. Er wusste von nun an, dass seine religiösen Leistungen keinen Wert mehr hatten, dass er nur durch Jesus selbst gerecht vor Gott dastehen konnte. Über diese Erfahrung, die sein Leben auf den Kopf stellte, schreibt er:

> »*In ihm finde ich mein wahres Ich. Ich will nicht mehr auf meine eigenen Leistungen vertrauen oder versuchen, dadurch vor Gott gerecht dazustehen, dass ich seinen Willen tue. Sondern ich will durch den Glauben an den Messias die Annahme vor Gott finden. Nur so sieht er mich als gerecht an, nämlich aufgrund meines Vertrauens auf ihn. Mein Ziel ist es, ihn wirklich kennen und verstehen zu lernen. Ich will die Kraft seiner Auferstehung an mir erfahren und auch an seinen Leiden teilhaben. Ja, ich will ihm gleichwerden bis in den Tod hinein. Dabei geht es mir darum, dass ich auf jeden Fall Anteil habe an der Auferstehung ins Leben hinein, wenn die Toten auferstehen.*«*

Philipper 3,9-11

Im Glauben von der Angst zum Mut finden:
Die Jünger Jesu

Aman, das heißt, fest stehen, am Glauben festhalten. Das kann man nur, wenn man seinen Glauben auf ein festes Fundament gebaut hat. Wenn man sicher ist, dass es das ewige Leben gibt. Wenn man weiß, dass Jesus uns dort erwartet. Diese Gewissheit hat Christen aller Zeiten geholfen, auch im Leiden an ihrem Glauben festzuhalten. Warum können Christen an ihrem Glauben festhalten, selbst wenn ihr Leben bedroht ist? Wenn sie gefoltert und eingesperrt werden wegen ihres Glaubens? Für die Beantwortung dieser Frage muss man bis in die Zeit direkt nach der Kreuzigung von Jesus zurückgehen.

Die Jünger von Jesus hatten Angst: Angst vor den Römern, Angst davor, gefangen genommen und getötet zu werden. Und so ergriffen sie bei der Gefangennahme von Jesus die Flucht. Allein Petrus hatte den Mut, in dieser Nacht bis in den Hof des Palastes zu gehen, in dem Jesus verhört wurde. Doch als er selbst gefragt wurde »Du bist doch auch ein Jünger …« verleugnete er Jesus dreimal. Das war sicherlich der Tiefpunkt seines Lebens. Die Evangelien berichten, dass er aus dem Hof hinauslief und bitterlich weinte.

Die Kreuzigung von Jesus war für seine Nachfolger die totale Katastrophe. Ihre Welt war völlig zusammengebrochen. All ihre Hoffnung war zerstört und sie versteckten sich voller Furcht. Würde ihnen dasselbe widerfahren wie ihrem Meister Jesus?

Selbst als die Frauen, die am leeren Grab dem auferstandenen Jesus begegnet waren, ihr Erlebnis den anderen Jüngern verkündigten, waren diese ängstlich und verschanzten sich hinter verschlossenen Türen. Auch später, nachdem Jesus in ihre Mitte getreten war und sich als der Auferstandene gezeigt hatte, blieben die Jünger im Untergrund.

Das änderte sich erst, als sie an Pfingsten den Heiligen

Geist empfingen. Von nun an waren sie bereit, für ihren Glauben zu leiden und sogar zu sterben. Sie verkündeten Jesus öffentlich und luden alle mutig zum Glauben an Jesus ein.

Es ist eine traurige Realität, dass von Anfang an Christen verfolgt und für ihren Glauben verspottet, verhaftet, gefoltert und getötet wurden. Der Glaube an den Auferstandenen und die Gegenwart des Heiligen Geistes gab ihnen die Kraft dazu. Der Hebräerbrief berichtet davon:

> »Doch anderen erging es anders – und auch sie hielten am Glauben fest. Sie wurden gefoltert, weil sie die Möglichkeit der Befreiung nicht annahmen, um dann eine bessere Auferstehung zu erleben. Andere mussten die Prüfung erdulden, verspottet und gegeißelt zu werden und in Fesseln oder im Gefängnis zu liegen. Sie wurden gesteinigt, auseinandergesägt oder auch durch das Schwert umgebracht. Sie irrten umher, bekleidet nur mit Schafsfellen und Ziegenfellen, mussten Mangel und Entbehrungen auf sich nehmen, wurden bedrängt und geplagt.«

Hebräer 11,35-37

Im Glauben fest stehen auch in schweren Zeiten:
Verfolgte Christen

Die Christen sind heute weltweit die am stärksten verfolgte Religionsgemeinschaft. In einer von dem Missionswerk Open Doors erstellten Liste der Länder, in denen Christen für ihren Glauben verfolgt werden, findet man neben Nordkorea viele vorrangig islamisch geprägte

Länder.[15] Für uns im Westen scheint die Erfahrung der Verfolgung zunächst weit entfernt. Wir müssen nicht mit dem Tod rechnen, wenn wir von unserem Glauben reden. Doch auch wir bekommen mehr und mehr zu spüren, wie die Gesellschaft sich von ihren christlichen Wurzeln abwendet und sich zunehmend ablehnend bis diskriminierend gegen überzeugte Christen aufstellt. Die Frage wird auch für uns im Westen immer wichtiger: Woher nehmen Christen die Kraft, auch in Zeiten der Verfolgung an Christus festzuhalten?

Im Glauben den Blick auf Jesus richten:
Der erste Märtyrer Stephanus

Der erste an Jesus gläubige Märtyrer war Stephanus. In der Geschichte der Aposteltaten schreibt Lukas davon: *»Gottes wunderbare Gegenwart und Kraft waren bei Stephanus deutlich spürbar, und er bewirkte gewaltige Zeichen und Wunder unter der Bevölkerung« (Apostelgeschichte 6,8).*

Stephanus war ein Mann nach dem Herzen Gottes. Er war als Diakon in der Gemeinde tätig. Im 7. Kapitel der Apostelgeschichte lesen wir, wie er in einer öffentlichen Diskussion mit Synagogenvorstehern aus verschiedenen Teilen der Welt den Glauben an Jesus verteidigte. Falsche Zeugen traten auf und behaupteten, dass Stephanus gegen Gott und Mose gelästert habe, indem er Jesus mit ihnen in Verbindung gebracht habe. Die Situation wurde gefährlich für Stephanus, denn die Menschenmenge um ihn war sehr aufgebracht und konnte jederzeit in Gewalt umschlagen. Doch er nutzte die Gelegenheit und erklärte vom Alten Testament her, dass Jesus der verheißene Messias sei und dass sie, die Gelehrten, Jesus an die Römer ausgeliefert und dem Tod geweiht hätten. Seine Rede gipfelte in dem Vorwurf:

> *»Ihr seid unbelehrbar und eure Herzen und Ohren sind unempfänglich für Gott! Unablässig widersetzt ihr euch dem heiligen Gottesgeist!«*

Apostelgeschichte 7,51-52.

Die Wut stieg in seinen Zuhörern an und sie zerrten ihn hinaus vor die Tore der Stadt, um ihn dort zu steinigen. Doch Stephanus hielt seine Augen auf den Himmel gerichtet. Er sah den Himmel offen.

> *»Doch Stephanus war vom heiligen Gottesgeist erfüllt und blickte konzentriert zum Himmel. Da konnte er den herrlichen Lichtglanz Gottes sehen und auch Jesus, der an der rechten Seite Gottes stand. Deshalb rief er: ›Schaut nur, ich sehe die Himmel offen stehen! Und auch den ewigen Menschensohn, der zur rechten Seite Gottes steht!‹«*

Apostelgeschichte 7,55-56

Mit diesem festen Blick auf Jesus, den Anfänger und Vollender seines Glaubens – so wie es im Hebräerbrief heißt (Hebräer 12,2) –, konnte Stephanus dem Tod entgegensehen. Menschen, die ihren Glauben auf Jesus aufbauen, haben zu allen Zeiten solche Erfahrungen gemacht: Sie haben ihren Blick in die ewige Wirklichkeit Gottes richten können und konnten so bis in den eigenen Tod hinein ihrem Glauben treu bleiben.

Im Glauben fest gegründet sein:
Die 21 Märtyrer unserer Tage

Vielleicht erinnern Sie sich an die Nachricht, die vom Tod der 21 ägyptischen Gastarbeiter in Libyen berichtete. Im Dezember 2014 und Januar 2015 wurden die jungen Männer von Kämpfern des sogenannten »Islamischen Staates« entführt, als sie auf dem Weg zurück in ihre Heimat Ägypten waren. Es waren einfache Leute, die mit dem hart verdienten Lohn ihrer Arbeit in Libyen ihre Familien in Ägypten unterstützten. 13 von ihnen kamen allein aus der Gegend von Al-Minia, die anderen aus christlichen Familien in anderen Gegenden Ägyptens, ein Gastarbeiter kam aus Ghana.

Diese 21 Männer wurden nach Wochen der Einschüchterung und Folterung brutal ermordet. In einem Video mit dem Titel: »Eine in Blut geschriebene Nachricht an die Völker des Kreuzes«, das die Täter am 15. Februar 2015 online stellten, hielten die Mörder ihre grausame Tat fest und verbreiteten sie als Versuch der Abschreckung im Internet. Zu sehen war Folgendes: Zwei Reihen von Menschen gingen am Strand. Die einen ganz in Schwarz gekleidet und vermummt. Die anderen in orangenen Overalls, ihre Hände auf den Rücken gebunden. Dann wurde den Gefangenen, einem nach dem anderen, vor laufender Kamera die Kehle durchtrennt. Einige riefen – im Video hörbar – im Moment des Todes den Namen Jesus. Hätten sie das islamische Glaubensbekenntnis gesprochen, wäre ihr Leben verschont geblieben. Doch sie verleugneten ihren Glauben nicht. Sie alle gingen als Christen in den Tod, im Glauben fest gegründet.

Was von den Terroristen als Abschreckung für Christen weltweit gedacht war, wurde zu einem unauslöschlichen Zeugnis für die Kraft des Glaubens an Jesus. Diese einfachen Männer, ohne theologische Ausbildung, ohne missionarischen Auftrag in Libyen, wurden zu Glaubenshelden, die nicht nur Christen in Ägypten ermutigten, sondern weltweit ein mächtiges Zeugnis für Jesus darstellten. Wenn man heute in Jerusalem in die koptische Kirche direkt neben der Grabeskirche geht, sieht man ein großes Poster mit den Märtyrern in ihren orangenen Overalls, dahinter die schwarz gekleideten Mörder. In der neu renovierten Koptischen Kathedrale in Kairo hat man eine neue Ikone für die 21 Märtyrer geschaffen und in der Nähe der Apsis angebracht. Diese jungen Männer werden von der koptischen Kirche in die Reihe der vielen Märtyrer aufgenommen, die für ihren christlichen Glauben getötet wurden.

Warum hat diese schreckliche Videobotschaft nicht, wie von den Terroristen beabsichtigt, dazu geführt, dass die Christen ihren Glauben aus Angst aufgegeben haben und Muslime wurden? In Kairo hörte ich, dass eine Mitarbeiterin einer christlichen Organisation in Ägypten am Tag nach der Veröffentlichung des grausamen Videos wider Erwarten fröhlich und ermutigt an der Arbeit erschien. Als ihr Chef sie fragte, warum sie nicht geschockt sei oder verängstigt, antwortete sie in etwa so: »Was ich schon immer in der Kirche über die Märtyrer gehört habe, das habe ich jetzt mit eigenen Augen sehen können. Sie sind mutig und getrost gestorben. Und wenn es für mich einmal so weit kommen wird, dann werde ich auch die Kraft bekommen, für Jesus zu sterben. Es ist der Glaube also keine Utopie, sondern eine Realität, mit der ich leben und sterben kann.« Für sie war der Tod der jungen Männer eine Ermutigung, ein Beweis für die Kraft, die im Glauben enthalten ist, wenn er sich auf dieses feste Fundament Jesus gründet und nicht nur auf eine Mitgliedschaft in einer Kirche, die auf dem Papier existiert.

Es ist der Glaube also keine Utopie, sondern eine Realität, mit der ich leben und sterben kann.

Die ägyptische Bibelgesellschaft hat noch in derselben Nacht, in der das Video gepostet wurde, ein kleines Traktat hergestellt, das in kürzester Zeit eine Millionenauflage erlebt und dessen Inhalt sich wie ein Lauffeuer im ganzen Land verbreitet hat. Es ist auf Arabisch verfasst und in viele Sprachen übersetzt worden. Hier der deutsche Text:

Zwei Reihen Männer liefen am Meer entlang
Am Tag, als die Welt um ihre Fassung rang.
Eine Reihe Mörder, die dachten, sie tun recht,
die andere unschuldig – Söhne des Lichts.
Die einen hielten in Händen die Messer hoch,
Die anderen mit Händen gebunden, ganz wehrlos.
Eine Reihe lief mit starren Augen verdeckt,
Die andere mit Leben nach oben geblickt.
Die einen wie Sargträger der Toten,
Die anderen kniend sehen den Himmel oben.
Die einen mit elendem Drohen am Schafott,
Die anderen mit Frieden und Ruhe von Gott.
Wir wollen wissen …
Wer fürchtet wen?

Die in Orange sehen den Himmel offen und erlöst,
Die Elenden in Schwarz, gebrochen und sehr bös.[16]

Dieser Text und ein Video, in dem er gesprochen wurde,
hat auch viele Muslime sehr berührt. Im Anschluss an das
Gedicht selbst waren Worte von Jesus aus der Bergpredigt
abgedruckt:

> »Selig sind die Barmherzigen; denn sie werden Barmher-
> zigkeit erlangen. Selig sind, die reinen Herzens sind; denn
> sie werden Gott schauen. Selig sind, die Frieden stiften;
> denn sie werden Gottes Kinder heißen. Selig sind, die um
> der Gerechtigkeit willen verfolgt werden; denn ihrer ist das
> Himmelreich. Selig seid ihr, wenn euch die Menschen um
> meinetwillen schmähen und verfolgen und allerlei Böses
> gegen euch reden und dabei lügen. Seid fröhlich und jubelt;
> es wird euch im Himmel reichlich belohnt werden. Denn
> ebenso haben sie verfolgt die Propheten, die vor euch ge-
> wesen sind.«

Matthäus 5,7-12, Lut 2017

Die jungen Ägypter und der Christ aus Ghana haben ihr
Leben auf das feste Fundament des Glaubens an Jesus gebaut und wussten, dass sie im Sterben zu ihm in die Herrlichkeit Gottes eingehen. Sie hätten einfach das islamische
Glaubensbekenntnis sprechen und so durch die Konver-
sion zum Islam ihr Leben retten können. Doch sie hielten
an Jesus fest und wollten lieber sterben, als ihren Herrn
zu verleugnen.

Als später die Mutter eines der jungen Männer im
ägyptischen Fernsehen gefragt wurde, was sie tun wür-

de, wenn der Mörder ihres Sohnes vor ihrer Tür stehen würde, antwortete die gläubige Koptin: »Ich würde ihn zum Essen in mein Haus einladen.« Diese Aussage berührte den Moderator des Live-Interviews so sehr, dass er die Fassung verlor und fast in Tränen ausbrach. Das ganze Volk wurde durch diese Mutter ins Nachdenken gebracht. Nicht der Hass hatte gesiegt, sondern die Liebe Gottes, die uns lehrt, selbst unsere Feinde zu lieben. Die Bereitschaft zu vergeben und zu lieben ist immer stärker als der Hass.[17]

Das Martyrium hat in Ägypten eine lange Tradition. Koptische Christen lassen sich ein kleines Kreuz auf die Innenseite ihrer Handfesseln tätowieren, um zu zeigen, dass sie niemals ihren Glauben an Jesus verleugnen wollen. Für sehr viele Christen weltweit ist Verfolgung eine alltägliche Realität. Jeden Moment kann die Gefangennahme, Folter oder der gewaltsame Tod über sie hereinbrechen. Doch ihr Glaubensfundament trägt. Sie bleiben Jesus treu, bis in den Tod hinein. Für sie gilt die Aussage, die der Apostel Paulus angesichts seiner drohenden Hinrichtung niederschrieb:

>*Also: Wenn wir leben, dann leben wir für Jesus, den Herrn. Und wenn wir sterben, dann sterben wir auch für ihn, den Herrn. Ganz gleich, ob wir also leben oder sterben, das ist fest: Wir gehören zu ihm, dem Herrn. Denn genau dazu ist der Messias gestorben und wieder lebendig geworden, damit er über die Toten und die Lebenden seine Herrschaft aufrichtet.*«

Römer 14,8-9

Auch wenn wir nicht verstehen, warum Gott diese Unge-
rechtigkeit und das Leiden zulässt, vertrauen wir darauf,
dass er einen guten Plan für unser Leben und für diese
Welt hat.

Was wir über aman festhalten können

So ist der Glaube an Gott eine feste Grundlage für unser ganzes Leben, für unser Denken, Fühlen, Reden und
Handeln. *Aman* – glauben, fest stehen – darum geht es
im Leben als Christ. Fest stehen auf dem, was Christus
schon für uns getan hat. Worauf gründen Sie Ihre Lebens-
philosophie? Was gibt Ihnen Halt im Leben? Aman heißt
festhalten an dem, was uns mit Gott im Leben und im
Sterben verbindet. Welche Hoffnung haben Sie für das Leben nach dem Tod? Worauf gründet sich Ihre Hoffnung?
Wodurch wächst Ihr Glaube? Ich mache Ihnen Mut, sich
ganz auf Jesus zu verlassen und Ihr Leben auf das Fundament der Auferstehung von den Toten zu setzen.

Fest zupacken und mit den Taten der Liebe zeigen,
wie sehr Gott diese Welt und seine Menschen liebt. Fest
stehen zu den Geschwistern in der Gemeinde in dem Be-
wusstsein, dass ich sie brauche, um selbst im Glauben zu
reifen. In welche Gemeinschaft bringen Sie sich ein? Um
diese wichtigen Punkte, die auch mit *aman* zusammen-
hängen, wird es im nächsten Kapitel gehen.

4. Glaube und Werke

In vielen Religionen gibt es ein Regelwerk, wie sich der Glaubende zu verhalten hat und was er tun muss, um bei Gott oder anderen Göttern angenommen zu sein. So beruht z.B. der Islam auf fünf Säulen, die alle mit dem Verhalten der Gläubigen zu tun haben: Sie sollen das Glaubensbekenntnis öffentlich sprechen, im Ramadan fasten, täglich fünfmal beten, die Pilgerreise nach Mekka unternehmen und Almosen geben. Wer diese fünf Regeln befolgt, ist ein guter Moslem. Doch auch bei Einhaltung all dieser Regeln kann ein Moslem nicht sicher sein, ob Gott ihn am Ende annimmt, denn Gott ist in der muslimischen Vorstellung immer noch größer und kann sich frei entscheiden, einen Menschen ins Paradies oder in das Höllenfeuer zu schicken.

Glaube: Kein Weg zur Selbsterlösung

Im Jahr 2018 zitterten viele Menschen weltweit mit, als zwölf Jungen und ihr Fußballtrainer bei einem Höhlenunglück in der Tham-Luang-Höhle in Thailand von Wassermassen eingeschlossen waren. Am 23. Juni 2018 waren sie nach einer Fahrradtour in die Höhle hinabgestiegen, um dort den Geburtstag ihres ältesten Mannschaftsmitglieds zu feiern. Für sie unvorhersehbar wurde die Höhle innerhalb von kurzer Zeit von der Außenwelt abgeschnitten, weil heftige Regenfälle die Höhle fluteten und sie nur auf einem Felsenvorsprung überleben konnten. Der Rückweg durch andere kleinere Höhlen war durch das Wasser abgeschnitten. Erst am 2. Juli wurden sie von den eingesetzten Suchtrupps in ihrer Höhle entdeckt. Schnell war klar, dass sie sich nicht aus eigener Kraft befreien konnten, denn das Wasser versperrte immer noch den Weg nach draußen und nur erfahrene Taucher konnten dieses Hindernis überwinden.

Etwa 1000 Experten und Rettungstaucher des thailändischen Militärs und aus vielen Teilen der Welt wurden eingeflogen und suchten gemeinsam nach einem Weg, wie sie die Jugendlichen befreien könnten. Am 3. Juli konnte endlich ein dreiköpfiges Team, darunter ein Arzt, zu ihnen durchdringen. Kleinere Wunden wurden behandelt, erste Lebensmittel in die Höhle gebracht. Alle waren nach den Tagen ohne Nahrung entkräftet. Die Jugendlichen lernten von dem Vortrupp den Umgang mit den Tauchgeräten, die sie für ihre Rettung benutzen sollten, denn sie alle mussten auf dem Rückweg ans Tageslicht durch einige mit Wasser gefüllte Becken hindurchtauchen. Einsetzender Monsunregen gefährdete das ganze Rettungsunternehmen, denn die Möglichkeit bestand, dass noch mehr Wasser den Weg endgültig abschneiden würde.

Doch das war nicht das einzige Problem. Wie gefährlich das Durchtauchen der Höhlen wirklich war, zeigte sich, als ein geübter thailändischer Taucher beim Transport von Sauerstoffflaschen für die Rettungsaktion starb.

Viele Menschen weltweit beteten für die Rettung der Jugendlichen und ihres Trainers. Endlich gelang es dem Team zwischen dem 8. und 10. Juli, alle Eingeschlossenen zu retten. Jeder Einzelne musste durch ein Höhlenlabyrinth geschleust werden. Den geschwächten Jugendlichen gab man ein Beruhigungsmittel, damit sie auf dem Weg nicht in Panik verfielen. Erst als alle gerettet waren, konnten die Helfer ihre gefährlichen Positionen auf dem Weg durch das Labyrinth verlassen. Die Eltern konnten ihre Kinder wieder in die Arme schließen.

So wie die Retter in Thailand jeden einzelnen Eingeschlossenen retten mussten, so lädt Gott jede und jeden von uns ein, ihm zu vertrauen und uns von ihm mitnehmen zu lassen in das neue, befreite Leben.

Es wäre den Eingeschlossenen unmöglich gewesen, sich selbst zu retten. Es brauchte die Hilfe von außen. Für mich ist diese Rettung der Jugendlichen aus der Höhle in Thailand ein Sinnbild für die Rettung, die wir Menschen durch Jesus Christus erfahren. Die Trennung von Gott ist von unserer Seite aus unüberwindbar. Diese Trennung bezeichnet die Bibel als Sünde. Im Konfirmandenunterricht habe ich noch gelernt, dass das deutsche Wort »Sünde« mit dem Wort »Sund« verwandt ist, was das Wort für eine Meeresenge ist, die ohne Hilfsmittel nicht überwunden werden kann.

Kein Mensch kann aus eigener Kraft diese Kluft zwischen Gott und Mensch überwinden. Gott selbst musste kommen, um uns aus der Gefangenschaft der Sünde, aus dem sicheren Tod zu retten. So wie die Retter in Thailand jeden einzelnen Eingeschlossenen retten mussten, so lädt Gott jede und jeden von uns ein, ihm zu vertrauen und uns von ihm mitnehmen zu lassen in das neue, befreite Leben.

Glaube: Woraus Taten wachsen

Genauso richtig wie die Tatsache, dass wir nicht aus eigenen Werken gerettet werden können, genauso richtig ist es, dass der Glaube Werke hervorbringt. Wenn wir uns Jesus im Glauben zuwenden, werden wir Teil seiner Gemeinde. So war es bei den ersten Christen, nachdem der Heilige Geist auf sie gekommen war:

»So gestalteten sie ihren Alltag: Sie nahmen die Lehre der bevollmächtigten Jesusbotschafter als Maßstab für ihr Leben. Sie teilten ihr Leben miteinander, brachen feierlich das Brot und widmeten sich dem Gebet. Alle Menschen wurden von Ehrfurcht erfasst, zumal viele Zeichen und Wundertaten durch die Apostel geschahen. Alle, die so im Vertrauen auf Gott lebten, richteten sich auf das gemeinsame Ziel aus und sahen alles als Gemeinschaftseigentum an. Sie verkauften ihren Besitz und ihre Güter und teilten sie unter allen auf, gemäß dem, ob jemand Not litt.«

Apostelgeschichte 2,42-45

Der Glaube an Gott hatte Konsequenzen für das praktische Leben der ersten Christen. Sichtbare Zeichen der Liebe Gottes für alle Menschen wurden aufgerichtet: Die

Witwen wurden versorgt, die Güter so geteilt, dass alle genug hatten.

Die Diakonie, der Dienst an und für Menschen, nahm so ihren Anfang. Sie ist bis heute ein sichtbarer Ausdruck christlichen Lebens. Im Laufe der Kirchengeschichte gab und gibt es bis heute das Bemühen, den Auftrag von Jesus zu erfüllen: den Armen und Schwachen zu dienen, die Leidenden zu versorgen und durch gute Taten Gott die Ehre zu geben. Bis heute sind uns Christinnen und Christen Vorbilder, die ihr Leben ganz der Diakonie gewidmet haben: Florence Nightingale als bekannte Krankenschwester, Theodor Fliedner als Sozialreformer und Begründer des Diakonissenamtes, Albert Schweitzer als Arzt in Afrika, Mutter Teresa als Engel von Kalkutta. Sie alle und viele andere – auch uns namentlich unbekannte Christinnen und Christen aller Zeiten und an allen Orten – stehen für ein Leben der Diakonie, also des Dienstes an den Bedürftigen im Namen Jesu.

Glaube: Taten und Glaube gehören zusammen

Die Verkündigung des Evangeliums und die Taten der Nächstenliebe aus dem Glauben heraus, das sind die beiden ausgestreckten Arme Christi. Beides gehört zusammen. Eins allein kann nie ausreichend darstellen, wie sehr Gott die Menschen liebt. Schon bei den ersten Christen gab es Auseinandersetzungen darüber, was denn jetzt wichtiger sei: der Glaube oder die Tat. So fragte zum Beispiel Jakobus in seinem Brief diejenigen, für die der Glaube nur die Bedeutung eines denkerischen Akts hatte:

»Welchen Nutzen bringt es denn, Schwestern und Brüder, wenn jemand behauptet, dass er Glauben besitzt, aber die dazugehörigen Taten nicht ausführt? Kann denn solch ein Glaube ihn retten? Wenn ein Bruder oder eine Schwester keine Kleidung und auch nicht genug zu essen haben und jemand unter euch zu ihnen sagen würde: ›Zieht in Frieden weiter! Zieht euch warm an und esst euch satt!‹, ihr ihnen aber nichts von dem gebt, was sie für ihren Körper brauchen, was wäre denn dann der Nutzen davon? Genauso ist ein Gottesglaube, der sich nicht in Taten ausdrückt, in sich selbst tot. Aber vielleicht wendet ja jemand ein: ›Der eine hat den Glauben und der andere kann seine Taten aufweisen! Das ist doch gleichwertig!‹ Nein, es ist nicht dasselbe! Versuche doch, mir deinen Glauben zu beweisen, ohne die dazugehörigen Taten! Das geht natürlich nicht. Ich aber kann dir meinen Glauben aufgrund meiner Taten zeigen! [...] Wann willst du eingebildeter Mensch endlich einsehen, dass der Glaube ohne die daraus folgenden Taten bedeutungslos ist? [...] So folgt aus all dem: Genauso wie der Körper ohne Lebensgeist tot ist, so ist auch der Glaube ohne entsprechende Taten tot.«

Jakobus 2,14-18.20.26

Hier waren sich alle Schreiber des Neuen Testaments einig: Die Taten der Nächstenliebe sind nicht notwendig, um gerettet zu werden. Aber sie sind eine natürliche Folge des Glaubens an Jesus und somit ein Indikator, wie lebendig unser Glaube wirklich ist. Es geht beim Glauben nicht allein darum, selbst gerettet zu werden. Wenn ich gerettet bin, will ich durch mein Leben andere Menschen zu genau diesem Glauben einladen. Glaube muss praktisch sichtbar werden. Glaube und Tat gehören unauflöslich zusammen. Wir Christen brauchen einander, wir brauchen die Gemeinschaft in der Gemeinde.

Glaube: Die Gemeinde als Nährboden

Die Gemeinde ist der Ort, an dem mein Glaube wächst. So wie eine Pflanze in den Garten gepflanzt wird, um dort zu wachsen, so setzt uns Gott als Christen in den Nährboden der Gemeinschaft, der Gemeinde. Dieser Nährboden stärkt mein Fundament des Glaubens und unterstützt mich darin, mich fest zu gründen, so wie es im Kapitel vorher bei *aman* beschrieben wurde. Ich entdecke Gottes Wirken im Leben der anderen Christen. Die Liebe untereinander soll den Menschen zeigen, wie sehr Gott diese Welt liebt. Ich bin mit ihnen gemeinsam ein Zeugnis für die Liebe Gottes. Gemeinsam können wir alle unsere Gaben und Beschränkungen zu einem guten Ganzen zusammenfügen. Ich gehöre zur Gemeinde und sollte mich dort einbringen, denn Gott hat mir durch den Heiligen Geist Gaben gegeben, die die Gemeinde benötigt, um ihren Dienst tun zu können. Hier ist niemand überflüssig, jede und jeder wird gebraucht. Die Gemeinde ist auch eine Stütze meines Glaubens, Herausforderung und Übungsfeld, Korrektur und Hilfe in Nöten. Zu diesem Klima des Miteinanders im Glauben und im gegenseitigen Dienst ermutigt der Hebräerbrief:

> »Lasst uns aufeinander achten und uns zu einem Leben voller Liebe und guter Taten anreizen! Lasst uns nicht fern-

bleiben von unseren Zusammenkünften, wie es sich einige angewöhnt haben, sondern lasst uns einander ermutigen, und das umso mehr, da ihr wahrnehmen könnt, dass der Gottestag immer näher rückt.«

Hebräer 10,24.25

5. Hilf meinem Unglauben

In den vorigen Kapiteln haben wir uns auf eine Reise begeben und über die drei Lesarten des Glaubens entdecken können, wie Glaube das Leben von Menschen verändern kann, welches Verständnis hinter dem Wort »Glaube« steckt. Doch zurück zum biblischen Bericht vom Vater, der für seinen Sohn bittet. Seiner Aussage »Ich glaube« schließt sich eine Bitte an: »Hilf meinem Unglauben!« Das zeigt uns, wie schwankend er noch in seinem Vertrauen auf Jesus ist. Was für Gedanken und Sorgen, welche Enttäuschung und welche Verzweiflung stecken in seinen Worten:

> »›Oft wirft er [der unreine Geist] ihn ins Feuer hinein oder auch ins Wasser, um ihn umzubringen! Doch wenn du irgendetwas tun kannst, dann erbarme dich über uns und hilf uns!‹ Jesus sagte zu ihm: ›Du sagst: »Wenn du kannst?« Alles ist möglich dem, der vertraut!‹ Im selben Augenblick schrie der Vater auf: ›Ich vertraue! Steh mir bei gegen meinen Unglauben!‹«

Markus 9,22-24

Zweifel: Der verzweifelte Vater

Hier spricht ein orientalischer Vater zu Jesus. Zu allen Zeiten war und ist es bis heute gerade im Orient besonders wichtig, einen Sohn zu haben, denn dieser war und ist dafür verantwortlich, die Eltern im Alter zu versorgen und die Tradition der Familie fortzuführen.

Mein Mann und ich haben keine Kinder bedingt durch meine Krebserkrankung und deren Behandlung mit einer intensiven Chemotherapie. Wenn wir in den ersten Jahren unserer Ehe in arabischen Ländern unterwegs waren, wurden wir immer darauf angesprochen und gefragt, wie viele Kinder wir hätten und ob denn auch ein Sohn darunter sei. Unsere Antwort »Wir haben keine Kinder« führte oft zu mitleidigen Reaktionen wie »Nehmt eins von unseren Kindern« oder »Gott wird euch einen Sohn geben«. Einmal nahm ein älterer Herr meinen Mann liebevoll zur Seite und sagte: »Ich sehe ja, dass du deine Frau liebst. Du kannst sie ja behalten, aber nimm dir eine zweite Frau, die dir einen Stammhalter schenkt.« Ein Rat, der ganz aus der Fürsorge entsprang und aus dem Mitleid mit einem jungen Mann, der keinen Sohn gezeugt hatte. Außerdem war es für ihn ein wichtiges Argument dafür, Moslem zu sein, denn der Islam erlaubt so eine Doppelehe. Für uns persönlich war es kein Problem, mit solchen Aussagen umzugehen, weil wir die Kultur gut kannten und das Anliegen dahinter verstanden. Es war Mitleid, denn einen Sohn zu haben hat die oberste Priorität.

Der verzweifelte Vater in unserem biblischen Bericht spiegelt genau das wider: Es ging um seinen einzigen Sohn! Für ihn und seine Gesundheit hätte er alles getan!

Und deshalb setzte er jetzt seine ganze Hoffnung darauf, dass dieser Wanderprediger Jesus, von dem man sich viel erzählte und von dem man wusste, dass er Wunder tat, seinem Sohn half und ihn heilte. Doch dann kam die große Enttäuschung: Jesus war nicht da. Schlimmer noch, die Schüler von Jesus konnten seinem Sohn nicht helfen. War das vielleicht seine letzte Chance? Was hatte er schon alles ausprobiert? Wie oft war die Hoffnung schon enttäuscht worden? Als Jesus ihn fragte, blieb ihm nichts anderes übrig, als ehrlich zu sein und Jesus zu antworten: »Ich glaube; hilf meinem Unglauben!« Ja, er glaubte. Aber er hatte auch berechtigte Zweifel, denn er hatte soeben erlebt, dass die Jesusjünger seinem Sohn nicht hatten helfen können. Ob Jesus selbst es jetzt schaffen würde? Das wollte er ja glauben. Aber die Zweifel setzten ihm zu.

Zweifel in unserem Leben:
Aufgeben oder dranbleiben?

Wir verstehen den Vater sehr gut, denn auch in unserem Leben gibt es Situationen, Umstände und Gegebenheiten, die uns zur Verzweiflung führen. Wir beten und bitten Gott, einzugreifen und die Dinge zum Guten zu wenden. Doch was, wenn das nicht geschieht? Geben wir auf? Wenden wir uns von Gott ab? Diskutieren wir mit Gott und seinen Mitarbeitern und nähren unseren Zweifel nur durch unsere Erklärungsversuche? Wie können wir in solch schweren Zeiten an Gott dranbleiben?

Vor vielen Jahren kam ein junger Mann in unsere Gemeinde. Er sah gut aus, war sportlich, glaubte an Gott. Doch als ihm vermehrt die Haare ausfielen, konnte er das kaum aushalten. Er betete, dass Gott diesen Vorgang doch stoppen solle. Nichts geschah. Er fühlte sich von Gott verlassen und war total enttäuscht. Er wandte sich infolgedessen komplett vom Glauben ab. Er ging seinen eigenen Weg. Vielleicht kann man diese Enttäuschung nicht nachvollziehen, weil ein Problem wie Haarausfall nicht zu so einer Reaktion führen sollte. Aber egal, was es ist, das uns an Gottes Güte zweifeln lässt, jede Enttäuschung kann uns dazu bringen, uns von Gott abzuwenden.

Doch Gott bleibt dabei nicht stehen. Er holt uns zu sich zurück. Einige Jahre später kam der junge Mann zurück in unseren Kreis. Er hatte neue Erfahrungen mit Gott gemacht und war wieder bereit, sich ganz auf Gott zu verlassen, auch wenn Gott ihm seinen sehnlichsten Wunsch nicht erfüllt hatte. Viel wichtiger war noch die Veränderung in der Beziehung zu seinem leiblichen Vater. Nach langen Konflikten und wenig Kontakt hatte er sich entschieden, sich mit seinem Vater zu versöhnen. Das war für ihn ein sehr schwerer Schritt, doch für seinen inneren Frieden ein sehr wichtiger. Wenige Wochen danach wurde er bei einem Motorradunfall getötet. Die Beerdigung war für uns alle sehr bewegend. Mir kam damals der Gedanke: Hatte Gott ihm noch rechtzeitig die Gelegenheit gegeben, zu ihm zurückzukommen und sein Leben zu ordnen? Was für ein Geschenk!

Wir alle stehen immer wieder in der Gefahr, unsere Enttäuschung über Gott groß werden zu lassen und uns in Selbstmitleid zu verlieren. Positive Erfahrungen mit Gott werden überlagert von Frust und Enttäuschung.

So war es wohl auch bei einem Mann, der zu einem weisen Menschen kam und Folgendes fragte: »Ich bin immer hin und her gerissen. Meine Zweifel treiben mit mir ihren Spott. Es ist, als lebten in mir zwei Katzen. Eine ist weiß, die andere schwarz. Die eine will das Gute, die andere das Böse. Welche Katze wird gewinnen?« Der weise Mensch antwortete: »Die, die du fütterst, die wird gewinnen.« Dieser weise Rat setzt uns auf die richtige Spur. Welche Gedanken lasse ich zu? Wie viel Raum nimmt der Zweifel in mir ein? Wie komme ich auf andere Gedanken? Welche Texte kann ich lesen, die meinen Zweifeln begegnen? Wie kann ich positive Gedanken fassen und halten? Was muss ich sein lassen, damit ich gut leben kann? Was fördert den Glauben und was hindert ihn?

Zweifel: Woher kommt er?

Als ich vor einiger Zeit für einen längeren Zeitraum verreiste, fiel mir auf dem Weg zum Flughafen ein, dass ich kurz vorher noch die Kerzen am Adventskranz angezündet hatte, der auf dem Wohnzimmertisch stand. Ich wusste nicht mehr, ob ich sie ausgeblasen hatte oder nicht. Mein Zweifel ließ mir keine Ruhe. Ich rief eine Freundin an, die kurz in der Wohnung nachschaute und dann berichtete, dass ich die Kerzen sehr wohl ausgeblasen hatte. Um meine Selbstzweifel aus dem Weg zu räumen, musste ich Klarheit bekommen. Jemand musste der Sache auf den Grund gehen und am Ort des Geschehens nachsehen, wie es sich verhielt. Zweifel kann man am besten an dem Ort ausräumen, wo sie entstanden sind. Es nutzt dann nichts – im Bild gesprochen – wenn ich mir andere Adventskränze ansehe und überprüfe, ob dort die Kerzen aus sind oder nicht. Ich muss meinem eigenen Zweifel nachgehen und sehen, wo er sich entzündet hat. Ich muss mich fragen: Was hat meinen Glauben aus dem Lot gebracht? War es ein Erlebnis, das mich an Gottes Güte zweifeln lässt? War es die Sorge, die mich umtreibt? Ist es die Sünde, die sich zwischen mich und Gott geschoben hat und die mir den Blick auf ihn verstellt? Von dieser Möglichkeit des durch Schuld verstellten Blicks spricht der Prophet Jesaja im Alten Testament:

> *»Hört zu! Die Hand des Herrn ist nicht zu kurz, um euch zu helfen, und er ist nicht taub, dass er euch nicht hören würde. Nein, eure Sünden sind eine Schranke, die euch von Gott trennt. Wegen eurer Sünden verbirgt er sein Antlitz vor euch und will euch nicht mehr hören.«*

Jesaja 59,1-2, NLB

Gott hat kein Problem damit, wenn ich zweifle. Ich bin bei ihm mit meinen Zweifeln willkommen. Er will mir helfen, meinen Glauben wiederzufinden und mein Vertrauen erneut auf ihn zu setzen. Ich habe es in Zeiten des Zweifels als hilfreich erlebt, mich an Erfahrungen mit Gott aus der Vergangenheit zu erinnern. So konnte ich »die weiße Katze«, mit guten Gedanken füttern. Ein weiterer Weg aus den Zweifeln heraus: Ich habe mich mit anderen Christinnen und Christen unterhalten und an ihrem Leben gesehen, dass Gott treu ist und dass ich Zeiten des Zweifels überstehen und gestärkt daraus hervorgehen kann, wenn ich mit den Zweifeln zu Gott komme, statt vor ihnen zu fliehen. So wie der Vater, der seinen Glauben und seinen Unglauben bekennt und damit Jesus direkt anspricht.

Gott hat kein Problem damit, wenn ich zweifle. Ich bin bei ihm mit meinen Zweifeln willkommen. Er will mir helfen, meinen Glauben wiederzufinden und mein Vertrauen erneut auf ihn zu setzen.

Zweifel im Herzen: Die Jünger

Als Jesus hörte, dass die Jünger dem Jungen nicht helfen konnten, war er enttäuscht. Die Jünger hatten schon so viel mit ihm erlebt. Er wunderte sich nicht über den Unglauben des verzweifelten Vaters, sondern über den seiner eigenen Schüler, der Jünger. Der Bericht über diese Begebenheit geht spannend weiter:

> »Da sagte Jesus: ›Was für Menschen ohne Vertrauen ihr doch seid! Wie lange muss ich noch bei euch sein? Wie lange muss ich es noch bei euch aushalten? Bringt den Jungen zu mir!‹«

Markus 9,19

Jesus lässt uns hier tief in sein Herz blicken. Er ist frustriert, enttäuscht. Der Zweifel im Herzen der Jünger hatte dazu geführt, dass sie dem bedrängten Jungen nicht helfen konnten. Das Herz der Jünger war noch nicht auf Jesus ausgerichtet, auf seine Möglichkeiten, auf seine Macht. Sie waren noch zu sehr mit sich selbst beschäftigt, zu sehr in ihren eigenen Möglichkeiten und Unmöglichkeiten gefangen. Doch darum ging es gar nicht. Es ging darum, Gott selbst um sein Eingreifen zu bitten und das Vertrauen ganz und gar auf Gott zu richten. Das hätten sie eigentlich schon längst begreifen können. Doch wie die Jünger damals haben auch wir, Gottes Jünger heute, durch unser Verhalten, unseren Unglauben Menschen enttäuscht.

Leiden: Jesus kennt den Unterschied – Krankheit oder Dämon

Der biblische Bericht von der Befreiung des Jungen wirft einige Fragen auf. Handelte es sich bei den Anfällen des Jungen um eine Art Fallsucht, Epilepsie oder lag in diesem konkreten Fall wirklich eine dämonische Belastung vor? Lag es an medizinischer Unkenntnis der damaligen Zeit, dass man hier eine dämonische Ursache annahm und nicht von einer Krankheit sprach? In vielen Teilen der Welt rechnet man auch heute mit der Realität der dämonischen Mächte. Hier bei uns ist es eher verdächtig, über Dämonen zu sprechen und über die Macht Jesu, sie auszutreiben. Das ist auch verständlich. Manche Zerrbilder sind durch Kinofilme wie »Der Exorzist« oder durch Schlagzeilen über grausame Versuche einer Dämonenaustreibung anstelle einer medizinischen Versorgung entstanden. Doch gehört es nach meiner Überzeugung zu einer angemessenen Wirklichkeitserfassung, auch mit dieser Dimension böser Mächte zu rechnen. Sicher muss man den Einzelfall immer genau prüfen. Es ist gut, hier eine gesunde Skepsis walten zu lassen und genau zu unterscheiden. Und dennoch gab und gibt es diese dunkle Wirklichkeit des Bösen.

Mein Vater litt unter einer Erkrankung, die ihn mit zunehmendem Alter vermehrt unter Anfällen leiden ließ. Ich erinnere mich an Situationen, wo ich ihn im Hausflur auf dem Boden liegend fand, Schaum vor dem Mund, zuckend und hilflos lag er da. Die Krankheit wurde in den 1970er-Jahren bei ihm nicht wirklich diagnostiziert oder gar behandelt. Dass es eine Form der Epilepsie war, kann ich nur vermuten. Der Arzt stellte lediglich fest, dass er seine Arbeit als Verwieger nicht mehr ausführen konnte. Ein Verwieger musste in der Zeche zwischen den mit Kohle beladenen Waggons hin- und herlaufen und das Gewicht der Ladungen notieren. Da die Waggons ständig hin und her transportiert wurden, war es zu gefährlich für meinen Vater, weiterhin dort zu arbeiten. Ein Anfall hätte dazu führen können, dass er, von den Lokführern unbemerkt, auf den Gleisen gelegen und von einem Zug überrollt hätte werden können. Also wurde er frühpensioniert.

Anders als bei der Erkrankung meines Vaters mit ähnlichen Erscheinungen wie bei dem Jungen war dieser Junge von einem bösen Geist besessen. So wird es ausdrücklich im Bericht des Markusevangeliums von Jesus selbst benannt. Ich bin überzeugt, dass Jesus das sehr wohl unterscheiden konnte und genau wusste, was die Ursache für die Anfälle war. Er bewies durch das Austreiben dieses Geistes, dass es eben keine Krankheit war, die er heilte. Er trieb eine destruktive Macht aus, die von diesem Jungen Besitz genommen hatte. Damit ist nicht gesagt, dass alle Krankheiten mit Dämonen in Verbindung zu bringen sind. Genauso wenig ist damit gesagt, dass die Erkrankung an Epilepsie auf Dämonen zurückzuführen ist. Wir haben es in diesem biblischen Bericht mit einer konkreten Situation zu tun und nicht mit einer theoretischen Abhandlung über Krankheit und Dämonen.

Der Gegenspieler Gottes

In unserer westlichen Welt und Weltsicht erscheint es eher merkwürdig, sich mit Dämonen zu befassen. Die einen haben Angst davor und wollen am liebsten gar nichts darüber wissen. Die anderen sehen sich durch diese Betrachtungsweise in das Mittelalter mit den Hexenverfolgungen zurückversetzt. Beides ist falsch. Bei aller Vorsicht, hinter jedem Busch einen Dämon zu sehen oder Krankheiten zu dämonisieren, müssen wir zugeben, dass es sie gibt. Es gibt die zerstörerische Kraft des Gegenspielers Gottes, des Teufels. Er ist es, der Menschen gefangen nehmen und ihr Leben zerstören will. Er kann von Menschen Besitz ergreifen und sie fremdbestimmen. So wie in Gott das Leben ist und er zum Leben befreit, so ist beim Teufel Gefangenschaft der Seele und letztlich der Tod. Menschen, die sich auch in unserer Zeit mit satanistischen Praktiken eingelassen haben, können uns davon berichten, wie eine fremde Macht ihr Denken und Handeln bestimmt hat. Doch auch da ist Jesus stärker. Ich selbst habe schon miterlebt, wie Menschen durch Gebet von diesen Mächten befreit wurden, wie sie bei unseren Gebeten im Namen Jesu den Menschen verlassen mussten.

Von einer Frau in einem islamischen Land, die früher in ihrem Leben als Medium bei spiritistischen Sitzungen gedient hatte, hörte ich Folgendes: Als sie noch im okkulten Bereich aktiv war, konnte sie Christen schon auf weite Entfernung hin identifizieren. Sie sah über den Köpfen von Christen etwas wie ein Licht; eine Macht, die von ihnen ausging. Und sie wusste, dass die böse Macht in ihr selbst dieser guten Macht in den Christen unterlegen war. Sie wunderte sich nur, dass die Christen gar nichts von dieser Macht in ihnen zu wissen schienen und ihre Autorität nicht in Anspruch nahmen. Später wurde sie selbst von den Dämonen befreit und wurde eine überzeugte und fröhliche Christin.

Die Autorität ist bei Jesus

Wir finden im Neuen Testament viele Berichte über die Befreiung von Dämonen. Dabei ging es den Berichtenden nie um ein Spektakel oder um eine große Befreiungsshow. Es ging einzig und allein darum, zu berichten, wie konkrete Personen von diesen knechtenden Mächten befreit wurden. Jesus sagt über sich selbst, dass er gekommen sei, um die Werke des Teufels zu zerstören.

> »Dazu ist erschienen der Sohn Gottes, dass er die Werke des Teufels zerstöre«
>
> 1. Johannes 3,8, Lut 2017.

Durch seinen Tod und die Macht seiner Auferstehung hat Jesus bewiesen, dass er die Autorität über alle Mächte und Gewalten hat und dass er, der Auferstandene, nun der Herr der Herren und der König der Könige ist. Ihm ist alle Macht gegeben im Himmel und auf Erden. Das sagte er seinen Jüngern bei seinem Abschied aus dieser Wirklichkeit und seiner Rückkehr in die unsichtbare Wirklichkeit Gottes, bei seiner Himmelfahrt.

> *Die elf Gefährten von Jesus aber wanderten nach Galiläa zu dem Berg, den er ihnen angegeben hatte. Als sie ihn dort sahen, fielen sie anbetend vor ihm nieder. Einige aber waren voller Zweifel. Da trat Jesus an sie heran und sagte ihnen: ›Mir ist alle Macht im Himmel und auf der Erde übergeben worden. So geht los und macht alle Völker zu meinen Schülern. Taucht sie im Wasser unter, in den Namen des Vaters und des Sohnes und des heiligen Gottesgeistes. Tragt ihnen auf, alles zu beachten, was ich euch als Auftrag anvertraut habe. Und wirklich: Ich bin mit euch alle Tage bis zur Vollendung der Welt!‹*

Matthäus 28,16-20

In dem Lied des württembergischen Pfarrers Johann Christoph Blumhardt (1805–1880), der in seinem Dienst auch viele Heilungen und Befreiungen von dämonischen Mächten erlebt hat, wird genau diese Tatsache beschrieben.[18] In diesen Zeilen fasst er seine Lebenserfahrung zusammen:

Dass Jesus siegt, bleibt ewig ausgemacht,
sein wird die ganze Welt.
Denn alles ist nach seines Todes Nacht
in seine Hand gestellt.
Nachdem am Kreuz er ausgerungen,

hat er zum Thron sich aufgeschwungen.
Ja, Jesus siegt, ja, Jesus siegt!

Ja, Jesus siegt! Sei's, dass die Finsternis
im Trotzen wütend schnaubt,
sei's, dass sie wähnt mit ihrem giftgen Biss
hätt sie ihm viel geraubt;
die Seinen lässt in Not und Grämen
sich unser Held doch niemals nehmen.
Ja, Jesus siegt, ja Jesus siegt!

Ja, Jesus siegt, obschon das Volk des Herrn
noch hart darniederliegt.
Wenn Satans Pfeil ihm auch von nah und fern
mit List entgegenfliegt,
löscht Jesu Arm die Feuerbrände;
das Feld behält der Herr am Ende.
Ja, Jesus siegt, ja, Jesus siegt!

Ja, Jesus siegt! Seufzt eine große Schar
noch unter Satans Joch,
die sehnend harrt auf das Erlösungsjahr,
das zögert immer noch,
so wird zuletzt aus allen Ketten
der Herr die Kreatur erretten.
Ja, Jesus siegt, ja, Jesus siegt!

Ja, Jesus siegt! Wir glauben es gewiss,
und glaubend kämpfen wir.
Wie du uns führst durch alle Finsternis,
wir folgen, Jesu, dir.
Denn alles muss vor dir sich beugen,
bis auch der letzte Feind wird schweigen.
Ja, Jesus siegt, ja, Jesus siegt![19]

Zwischen Vollmacht und Ohnmacht

Vor einigen Jahren kam nach dem Gottesdienst eine junge Frau zum Gebet zu mir. Sie war Christin, konnte aber seit geraumer Zeit den Namen »Jesus« nicht mehr aussprechen. Immer, wenn sie beten wollte, schlief sie ein. Sie war beunruhigt und wollte wieder voller Freude mit und über Jesus reden können. Ich betete um Weisheit, denn ich konnte mir das auch nicht erklären. Dann fiel mir auf, dass sie ein Armband trug, das einem Amulett glich. Aus einem inneren Impuls heraus fragte ich, was es mit diesem Armband auf sich habe. Sie erzählte, dass sie es auf einem Markt in Afrika gekauft, es aber keinerlei Bedeutung für sie habe. Es sei also nur Modeschmuck.

In mir wuchs die Frage, ob es wohl an diesem Armband liegen könnte, dass sie nicht mehr beten konnte. Immer noch unsicher, ob ich hier einer verrückten Idee folgte oder einem Impuls von Gott, bat ich sie, das Schmuckstück nur mal kurz abzunehmen. Jetzt wurde es sehr spannend, denn sie schaffte es nicht, das Armband zu entfernen. Eine Macht hielt sie davon ab, obwohl sie selbst es wollte und sich anstrengte. Es lag nicht am Verschluss des Armbands, sondern eine innere Macht in ihr verhinderte, dass sie sich von diesem Amulett löste. Mir war klar, dass sie selbst diesen Schritt tun musste, und deshalb wollte ich ihr nicht dabei helfen. Meine Aufgabe war es, für sie zu beten, mehr nicht. Ich betete im Auftrag und im Namen Jesu, dass die negative Macht, die sich durch dieses Armband an sie gebunden hatte, sie loslassen müsse. Und siehe da, sie konnte das Armband ablegen und sofort danach auch wieder zu Jesus beten und seinen Namen ohne Probleme aussprechen.

Warum ich das erzähle? Sicher nicht, um zu sagen, dass Armbänder aus Afrika grundsätzlich gefährlich sind. Auch nicht, um zu sagen, dass ich da besondere Kräfte der Befreiung hatte. Nein, es geht mir einzig und allein darum, uns zu sensibilisieren, dass es okkulte Bindungen geben kann und dass nur Jesus selbst in der Lage ist, uns davon zu befreien. Wenn wir beten, erleben wir, dass er genau das tut.

Viele Menschen unserer Tage lassen sich auf unsichtbare Mächte ein. Sie vertrauen sich fernöstlichen Praktiken an, vertrauen Amuletten und glauben Horoskopen und Wahrsagern. Einige steigen in esoterische Praktiken ein und erleben zu Beginn auch wundersame Heilungen oder andere außergewöhnliche Phänomene. Doch ist es oft wie bei einem Fisch am Angelhaken: Es kommt der Tag, an dem der Teufel den Preis für diese »Wunder« eintreiben will, wo er Besitz von Menschen nimmt und sie eine große Gefangenschaft ihres Inneren erleben. Sehen wir es als Warnung, die nicht Angst machen, sondern uns für die mögliche Konsequenz unserer Entscheidung sensibilisieren soll.

Ein System der Angst

Ich kenne eine ehemalige Astrologin und Wahrsagerin, die sehr erfolgreich in ihrem Beruf war. Sie konnte die Zukunft voraussagen und hatte viele und gut situierte Kunden. Doch sie stellte nach einiger Zeit fest, dass ihre Kundschaft immer ängstlicher wurde, sie immer öfter anrief und selbst bei kleineren Entscheidungen wissen wollte, was die Sterne dazu sagten und ob sie diese oder jene Entscheidung treffen konnten. Ihr wurde klar, wie einengend ein solches System ist und mit wie viel Angst sich das Befragen der Sterne verbindet. Ihre Kunden wurden durch die Wahrsagerei unfrei. Anders war es für sie dann im christlichen Glauben, zu dem sie selbst fand. Jesus führte sie in eine Freiheit, die sie vorher nicht gekannt hatte. Sie gab den für sie lukrativen Job auf und warnt heute Menschen vor dem Befragen der Sterne.

Wir sind zur Freiheit geschaffen

Gott hat uns nach seinem Bild erschaffen und will, dass wir als selbstständige und freie Menschen leben – in Verantwortung vor ihm, aber in der Freiheit, uns stets selbst entscheiden zu können. Die Liebe, die Gott für uns empfindet, will uns als Freunde gewinnen, nicht als Sklaven. Sie will uns als Kinder annehmen, nicht als Diener und Abhängige missbrauchen. Sie will das Leben mit uns teilen, uns nicht zu Marionetten machen. Gott will, dass seine Geschöpfe, die er nach seinem Ebenbild geschaffen hat, in Freiheit leben und in Freiheit ihn lieben. Zu diesem Leben, das von der Liebe geprägt ist, fordert Jesus seine Jünger auf.

> »Das ist meine Anweisung an euch: Ihr sollt einander in echter Liebe begegnen, genauso wie ich euch mit wahrer Liebe begegnet bin. Die allergrößte Liebe beweist ein Mensch, der sein Leben für seine Freunde ganz hingibt. Ihr seid dann wirklich meine Freunde, wenn ihr das tut, was ich euch als Auftrag anvertraue. Ich bezeichne euch nicht als untergebene Knechte. Denn ein Untergebener weiß nicht, was sein

Vorgesetzter tut. Aber euch habe ich als meine Freunde be-
zeichnet. Und das seid ihr auch! Denn ich habe euch alles
wissen lassen, was ich von meinem Vater erfahren habe. In
Wahrheit ist es nicht so, dass ihr euch für mich entschieden
habt. Nein, ich habe mich für euch entschieden und euch
dazu eingesetzt, dass ihr losgeht und Frucht hervorbringt.
Diese Frucht eures Lebens soll bleibenden Bestand haben.
Wenn ihr dann den Vater in meinem Namen um irgend-
etwas bitten werdet, werde ich es euch geben. Und das ist
mein Auftrag an euch: Begegnet einander in wahrer Liebe!«

Johannes 15,12-17

Unglaube: Wer ist denn eigentlich ungläubig?

In den Worten des Vaters an Jesus »Ich glaube; hilf meinem Unglauben!« spiegelt sich beides: sein Vertrauen auf
die Kraft von Jesus, aber auch sein Zweifel daran. Gerade
erst hatte der Vater eine bittere Enttäuschung durch die
Unfähigkeit der Jünger erlebt. Das hatte seinen Glauben
getrübt. Doch das hält ihn nicht ab, Jesus um die Vermeh-
rung seines Glaubens zu bitten. Und damit ist er genau an
der richtigen Stelle! Jesus verlangt keinen perfekten Glauben. Es reicht aus, wenn wir ehrlich vor ihm sind und ihm
unseren Glauben und unseren Unglauben hinhalten und
ihn um Hilfe bitten.

Doch was heißt denn eigentlich »ungläubig«? Agnosti-
ker gehen davon aus, dass man keine Beweise für oder
gegen die Existenz eines Gottes anführen kann. Man kann
es »nicht wissen«. Sie glauben nur, was sie wissenschaft-
lich beweisen können. Und sie können weder die Existenz

Gottes oder eines höheren Wesens beweisen, noch können sie zeigen, dass es Gott oder ein höheres Wesen nicht gibt. Sie sind letztlich in dieser Frage nach dem Glauben in beide Richtungen offen. Oft werden sie mit den Atheisten verwechselt. Im Unterschied zu Agnostikern glauben Atheisten, dass es keine Gottheit gibt. Ihr Weltbild und Menschenbild ist damit verschieden von dem der Anhänger der Weltreligionen. Wenn es keinen Gott gibt, gibt es folglich keinen Schöpfer, keinen Richter, keinen Retter. Die Menschheit ist sich selbst überlassen. Es gilt das Recht des Stärkeren, wie es in der Evolutionslehre beschrieben ist.

> **Jesus verlangt keinen perfekten Glauben. Es reicht aus, wenn wir ehrlich vor ihm sind und ihm unseren Glauben und unseren Unglauben hinhalten und ihn um Hilfe bitten.**

Wenn wir als Christen von »Ungläubigen« sprechen meinen wir oft die Menschen, die noch nicht von Jesus gehört haben oder noch nicht von seiner Botschaft erreicht wurden. Deshalb hat man immer wieder Menschen aus den Gemeinden ausgesandt, um als Missionare zu den »Ungläubigen« zu gehen und ihnen das Evangelium zu bringen.

Aber auch uns Christen betrifft das Thema Unglaube immer wieder. Auch wir kennen viele Situationen, in denen unser Glaube schwach ist oder uns gänzlich fehlt. Wenn wir ein konkretes Anliegen vor Gott bringen wollen, machen wir oft den Erfolg des Gebets davon abhängig, ob wir genug geglaubt haben oder nicht. Als wäre das Ausmaß unseres Glaubens der Maßstab für die Hilfe Gottes: Viel Glaube, viele Wunder. Wenig Glaube, keine Wunder. So kurz und knapp kann man diese Meinung zusammenfassen.

Glaube: Wie viel Glauben muss man haben?

So wurde auch mir einmal mitgeteilt, dass ich zu wenig Glauben habe. Ende der 1980er-Jahre war ich an Krebs erkrankt: Morbus Hodgkin, Lymphdrüsenkrebs. Die Krankheit war sehr spät entdeckt worden und es war nicht klar, ob und wie lange ich sie überleben würde. In dieser Zeit veröffentlichte ein christliches Magazin ein Interview mit mir. Ich erzählte damals darin, dass ich bereit sei, an dieser Krankheit zu sterben und zu Jesus zu gehen. Dass ich mich aber auch sehr freuen würde, wenn Gott mir noch einmal mein Leben zurückschenkte und ich noch einige Jahre leben dürfte. Dabei war mir klar, dass nicht eine Krankheit über das Ende meines Lebens bestimmt, sondern dass Gott allein weiß, wann meine Zeit auf dieser Erde abgelaufen ist und er mich zu sich holt. Diese Aussage veranlasste einige Leser, mir zu schreiben.

Manche Schreiberinnen und Schreiber der Leserbriefe waren dankbar für meinen Bericht, bis dahin, dass mir unbekannte Leute schrieben, dass sie von nun an für mich beten wollten. Es waren aber auch Briefe dabei, die mich warnen sollten. Mir wurde vorgehalten, ich hätte sicher viel gesündigt in meinem Leben, denn sonst würde Gott mich ja nicht mit einer so schweren Krankheit bestrafen. Andere meinten, dass ich jetzt sicher bald sterben würde, denn ich hatte meine Zweifel an meiner Heilung offen ausgesprochen. Für sie schien das mein Todesurteil zu besiegeln, denn mein Glaube schien ihnen zu klein und zu schwach. Hätte ich gesund werden wollen, hätte ich diese Gedanken an den Tod ganz ausklammern und nur auf Gottes Heilung vertrauen sollen. Ich hätte meine Heilung im Glauben ergreifen sollen, ohne jeden Zweifel. Was für ein magisches Denken – das im scheinbar biblischen Gewand daherkommt. Biblischer Glaube ist etwas anderes!

Ich bin froh und dankbar, dass ich noch lebe, obwohl ich bereit war, zu sterben, wenn es Gottes Willen entsprochen hätte. Mein Glaube war nicht auf Heilung gerichtet, sondern auf Jesus selbst und auf seinen guten Plan für mein Leben. Wer bin ich, zu entscheiden, was gut für mich ist und was nicht?

Und was war mit dem Vorwurf, ich müsse ja viel gesündigt haben? Dass ich eine Sünderin bin, das konnte ich sofort zugeben. Doch wäre Krankheit eine Strafe für Sünde, wer wäre dann noch gesund? Und außerdem spricht die Bibel von einem Gott, der Sünde vergibt. Die Frage nach der Größe des Glaubens konnte ich mit einem Zitat von James Hudson Taylor (1832–1905), dem China-Missionar und Gründer der China-Inland-Mission, beantworten. Dieses Zitat half und hilft mir bis heute, denn Taylor sagt, dass wir keinen großen Glauben bräuchten, sondern nur einen Glauben an einen großen Gott.[20]

Glaube: In allen Dingen Gott
vertrauen – James Hudson Taylor

James Hudson Taylor hat Glauben bewiesen. In den 51 Jahren, die er immer wieder längere Zeiten in China lebte, baute er ein Missionswerk auf, das über 800 Missionare ins Land brachte und half, weit über 120 Schulen zu gründen. Taylor war in einem christlichen Elternhaus aufgewachsen, wandte sich aber als Jugendlicher zunächst von dem Glauben seiner Eltern ab. Mit 17 Jahren las er ein christliches Traktat und entschied sich, Christ zu werden und als Missionar nach China zu gehen. Er beendete sein Medizinstudium vorerst nicht, sondern reiste 1833 nach China und begann dort seinen Dienst als reisender Prediger. Er wurde ausgeraubt, verlor seine mitgebrachte medizinische Grundausrüstung durch ein Feuer, hatte wenig Erfolg bei den Chinesen, die ihn »der schwarze Teufel« nannten. Er verstand, dass seine noch englisch geprägte schwarze Kleidung ihm diesen Namen eingebracht hatte, und kleidete sich von nun an wie die Einheimischen. Ein Markenzeichen für Taylor, denn viele Missionare in anderen Ländern und auch in China blieben bei ihrer heimatlichen Kleidung.

1858 heiratete er Maria Jane Dyer, die selbst als Missionarin unter Chinesen arbeitete, und zwar in Malaysia. Gemeinsam kümmerten sie sich um einen adoptierten Sohn. Ihr erstes gemeinsames Kind verstarb, das zweite – ein Mädchen namens Grace – wurde ein Jahr später geboren. 1860 entschied sich die Familie aus Gesundheitsgründen für einen längeren Heimataufenthalt. Taylor nutzte die Zeit für Bibelübersetzung ins Chinesische und zum Schreiben eines Buches über die geistliche Not in China. Er reiste und sprach in vielen Gemeinden. Außerdem beendete er seine medizinische Ausbildung als Chirurg. Weitere Kinder wurden in der Zeit geboren, wovon die einzige Tochter unter ihnen kurz nach der Geburt verstarb. Nach fast fünf Jahren in England machten sie sich auf die vier Monate dauernde Schiffsreise nach China. Zweimal wurde ihr Schiff beinahe durch einen Typhon versenkt. Doch Gott bewahrte sie, sodass sie 1866 wieder in China ankamen. Die schnell wachsende China-Mission wurde vonseiten mancher Mitchristen angegriffen. Vor allem die Regel, dass die Mitarbeiter und Mitarbeiterinnen die chinesische Kleidung trugen, führte zu viel Kritik von anderen Missionaren.

Als Hudsons Frau Maria durch Cholera starb, war er tief erschüttert. Er hatte schon einige seiner Kinder begraben müssen. Doch der Tod von Maria traf ihn besonders hart. Sein eigener Gesundheitszustand verschlechterte sich zunehmend, und so entschloss er sich 1871, wieder zu einem längeren Aufenthalt nach England zurückzukehren. Er heiratete zum zweiten Mal, ebenfalls eine Missionarin: Jane Elisabeth Faulding, Jennie genannt. Jennie erlitt kurz nach der Ankunft in China die Totgeburt von Zwillingen. Schon bald danach musste das Paar zurück nach England, denn die Betreuerin der Kinder aus der ersten Ehe war verstorben. Immer wieder zog es sie zurück nach China. Im Winter 1874–75 stürzte Hudson auf einem Boot in China, sodass er unter heftigen Schmerzen bis hin zu Lähmungserscheinungen litt. Nachdem er sich in England davon erholt hatte, kehrte er allein nach China zurück. Jennie blieb bei den Kindern. Mittlerweile waren ihr und Hudson ein Sohn und eine Tochter geboren worden. Erst 1878 kam Jennie wieder mit ihm nach China und konzentrierte sich darauf, die Missionarinnen zu begleiten und zu betreuen.

Hudson Taylor hat gelernt, in allen Dingen Gott zu vertrauen, in guten und in schweren Zeiten. Und er hat erlebt, dass Gott treu ist und aus allem Leiden etwas zu seiner Ehre entstehen lassen kann.

Während des Boxer-Aufstands 1900 wurden 58 Missionare und 21 Kinder der China-Inland-Mission getötet. Ein großer Verlust für die Mission. Taylor und Jennie waren zu diesem Zeitpunkt aus gesundheitlichen Gründen für längere Zeit in der Schweiz, wo Jennie 1904 an Krebs verstarb. Taylor machte sich noch einmal auf nach China und besuchte die Gemeinden, die er in verschiedenen Orten gegründet hatte. Er verstarb überraschend in seinem geliebten Land China, in einem Sessel sitzend und ein Buch lesend.

Bis heute ist das Leben und der Dienst von Hudson Taylor ein Beispiel für viele Christen. Er hat den guten Kampf gekämpft, er hat den Glauben behalten. Wie viele Tränen er geweint hat, wie viele Glaubenszweifel ihn wohl geplagt haben, wie viele durchwachte Nächte er mit Sorgen um seine Frau und Kinder oder auch um seine Mitarbeiter verbracht hat – das weiß nur Gott allein. Aber dass er im Glauben fest verwurzelt war, dass er die Stürme im Leben, das unendliche persönliche Leiden ausgehalten hat, weil er sein Vertrauen auf Gott gesetzt hat, das wissen alle, die sein Leben betrachten.

War es nun der übergroße Glaube von Hudson Taylor, der das alles bewirkt hatte? Er würde das wohl eher verneinen, denn er führte all diese Erfolge auf die Größe Gottes zurück und eben nicht auf seine eigene Leistung, auch nicht auf seine eigene Glaubensleistung. Jemand, der so viel Leiden erlebt hat, kann kein Überflieger sein. Hudson Taylor hat gelernt, in allen Dingen Gott zu vertrauen, in guten und in schweren Zeiten. Und er hat erlebt, dass Gott treu ist und aus allem Leiden etwas zu seiner Ehre entstehen lassen kann. Über Hudsons Leben und seinen Glauben kann man sagen, was Paulus in seinem Brief an seinen Mitarbeiter Timotheus geschrieben hat:

»Doch du sollst in allen Lebenslagen nüchtern sein und bereit, das Leiden zu ertragen. Arbeite als Evangelist, also als Botschafter der guten Nachricht, und fülle so deine Aufgabe voll aus! […] Ich habe den guten Kampf zu Ende gekämpft und den Lauf durchgehalten, ja, ich habe am Vertrauen auf Gott festgehalten. Von jetzt an liegt für mich der Siegeskranz bereit, der Preis für ein Leben in Gerechtigkeit, den Jesus, der Herr, der gerechte Richter, mir an jenem Tag überreichen wird, und nicht nur mir, sondern all denen, die voller Liebe auf sein Erscheinen warten.«

2. Timotheus 4,5-8

Zweifeln erlaubt: Der ungläubige Thomas

Woher kommt eigentlich der Begriff »Ungläubiger Thomas«? Dieser Ausdruck bezieht sich auf einen Bericht im Johannesevangelium. Die Jünger waren nach der Auferstehung Jesu von den Toten immer noch ängstlich und hatten sich in einem Raum eingeschlossen. Als der auferstandene Jesus plötzlich trotz verschlossener Tür diesen Raum betrat, hatten sie die Gelegenheit, sich selbst von seiner leibhaftigen Auferstehung zu überzeugen. Das heißt alle Jünger bis auf Thomas, der zu diesem Zeitpunkt nicht anwesend war. Als ihm die anderen Jünger begeistert von der Begegnung mit dem auferstandenen Jesus erzählten, blieb er skeptisch, ungläubig (vgl. Johannes 20,24-29).

Was wissen wir über Thomas, dessen Name »Zwilling« bedeutet? Aus der Zeit, in der Thomas mit Jesus und den Jüngern unterwegs war, gibt es zwei Berichte, in denen er namentlich erwähnt wird. Beide stehen im Johannesevangelium. Der erste erzählt von einem ganz besonderen Ereignis im Wirken Jesu. Jesus war mit den Jüngern unterwegs, als ihn die Nachricht von der schweren Krankheit seines Freundes Lazarus erreichte. Seine Schwestern Maria und Marta hatten Boten zu Jesus gesandt, dass er bald kommen und Lazarus heilen solle. Doch Jesus schien nicht auf diese Bitte reagieren zu wollen. Er blieb, wo er war, unten im Jordantal, und wartete. Die Jünger von Jesus versuchten ihn zu trösten und sprachen davon, dass Lazarus vielleicht nur in einen tiefen Schlaf versunken sei. Doch Jesus wusste, dass Lazarus inzwischen verstorben war, und teilte das den Jüngern mit.

»Da erklärte Jesus es ihnen ganz deutlich: ›Lazarus ist in-
zwischen gestorben! Und ich freue mich darüber, dass ich
nicht bei ihm war. Denn auf diese Weise wird euer Vertrau-
en gestärkt. Aber jetzt wollen wir zu ihm gehen!‹ Da sagte
Thomas, der den Beinamen ›Zwilling‹ trug, zu den anderen
Schülern von Jesus: ›Dann wollen wir auch mitgehen, da-
mit wir zusammen mit Jesus sterben!‹«

Johannes 11,14-16

Der Hintergrund für diese Aussage war, dass Betanien,
der Wohnort von Lazarus, in Judäa lag, nahe bei Jerusalem, wo die führenden Leute Jesus töten wollten.

Thomas war also bereit, mit Jesus zu sterben. Sein
Glaube war offenbar zu diesem Zeitpunkt stark. Seine Bereitschaft, für diesen Glauben zu sterben, war groß. Daran
sieht man, dass er Jesus liebte, dass er Jesus glaubte, dass
er mit seiner ganzen Existenz bereit war, Jesus nachzu-
folgen. Auch wenn er in diesem Moment das Handeln
von Jesus noch nicht verstehen konnte, war für Thomas
die Beziehung zu Jesus das Wichtigste, wichtiger als sein
eigenes Leben.

Als sie dann beim Grab von Lazarus ankamen, sah
Thomas, wie auch alle anderen Jünger, dass sie zu spät
kamen. Lazarus lag schon vier Tage im Grab. Seine
Schwester Marta machte Jesus Vorwürfe, warum er nicht
rechtzeitig erschienen sei, um den Tod ihres Bruders zu
verhindern. Doch dann wurden alle Zeugen, wie Jesus
Lazarus von den Toten auferweckte. Er rief ihn aus dem
Grab heraus.

»Da hoben sie den Grabstein weg. Jesus richtete seine Augen nach oben und sagte: ›Vater, ich sage dir Dank, weil du meine Bitte erhört hast. Ich weiß, dass dein Ohr mir immer zugewandt ist. Dennoch spreche ich das aus, wegen der vielen Menschen, die sich hier befinden. Sie sollen begreifen, dass du es bist, der mich beauftragt und gesandt hat.‹«

Johannes 11,41-42

Eingewickelt in die Totentücher trat Lazarus heraus und Helfer befreiten ihn von den Tüchern. Er war wieder lebendig geworden! Eines der größten Wunder, das die Jünger in ihrer Zeit mit Jesus zu sehen bekamen. Das muss den Glauben von Thomas gewaltig gestärkt haben. Jesus hatte bewiesen, dass er sogar die Macht hatte, Tote aufzuerwecken.

Die zweite Begebenheit zeigt, wie ernst Thomas die Worte von Jesus nahm: Jesus hatte soeben seinen nahenden Tod angekündigt. Die Jünger waren noch geschockt und konnten nicht fassen, was Jesus da sagte:

»›Lasst euren Mut nicht sinken! Setzt euer Vertrauen auf Gott und vertraut auch mir! […] Denn da, wo ich bin, sollt ihr auch sein. Und wohin ich gehe, den Weg dahin kennt ihr ja!‹ Da sagte Thomas zu ihm: ›Herr, wir wissen nicht, wohin du unterwegs bist. Wie können wir da den Weg kennen?‹ Jesus antwortete: ›Ich selbst bin der Weg und auch die Wahrheit und das Leben. Nur durch mich findet ein Mensch zum Vater. Wenn ihr mich kennengelernt habt, dann kennt ihr auch meinen Vater. Und von jetzt an kennt ihr ihn, denn ihr habt ihn ja gesehen!‹«

Johannes 14,1-7

Auf seine suchende und zweifelnde Frage erhält Thomas eine Antwort, die alle Erwartungen übersteigt: Jesus zeigt sich als der eine Weg zum Vater. Solch eine Aussage von Jesus über sich selbst hatten noch nicht viele Menschen gehört. Erst langsam hatte Jesus seine Jünger dahin geführt, dass sie seine eigentliche Mission verstehen konnten: dass er in die Welt gekommen war, um für die Menschheit zu sterben. Mehr noch, dass er Gott selbst war. Diese Offenbarung veränderte sicher auch Thomas' Glauben. Der Anspruch Jesu, Gottes Sohn zu sein, stand jetzt klar im Raum.

Doch dann kam der Tag, an dem sich alles änderte. Jesus wurde hingerichtet und sein Körper lag im Grab. Alle Hoffnungen, aller Glaube schien enttäuscht zu sein. Nichts ließ darauf hoffen, dass sich das noch mal ändern würde. Alle Andeutungen Jesu, dass er wieder auferstehen würde, schienen vergessen. Verzweiflung machte sich unter den Jüngern breit. Die Ersten, die dem auferstandenen Jesus begegneten, waren die Frauen, die zum Grab gekommen waren, um den Leichnam einzubalsamieren. Jesus selbst hat sie dort beauftragt, den Jüngern zu sagen, dass er auferstanden war. Der Bericht der Frauen führte dazu, dass Petrus und Johannes zum Grab rannten und nach Jesus suchten. Jesus zeigte sich danach seinen Jüngern am Abend dieses Auferstehungstages. Doch Thomas war nicht bei ihnen.

»Die anderen Nachfolger sagten ihm: ›Wir haben wirklich und wahrhaftig den Herrn gesehen!‹ Aber Thomas wehrte ab: ›Wenn ich nicht selbst in seinen Händen die Stelle sehe, wo die Nägel hindurchgeschlagen wurden, und meinen Fin-

ger genau auf diese Stelle legen kann und mit meiner Hand seine Seitenwunde anfassen kann, dann werde ich es nicht glauben!‹ Nach acht Tagen waren die Jesusschüler wieder zusammen im Haus und Thomas war bei ihnen. Da kam Jesus wieder, obwohl die Türen verschlossen waren, stellte sich mitten unter sie und sagte: ›Friede euch!‹ Danach sprach er Thomas an: ›Komm her mit deinem Finger, an diese Stelle, und schau dir meine Hände genau an! Komm mit deiner Hand und fass meine Seite an! Sei nicht ungläubig, sondern vertraue!‹ Thomas antwortete ihm: ›Du bist mein Herr und mein Gott!‹ Da sagte Jesus zu ihm: ›Weil du mich mit deinen eigenen Augen gesehen hast, glaubst du. Doch richtig glücklich können die sein, die vertrauen, ohne etwas zu sehen!‹«

Johannes 20,25-29

Der Glaube von Thomas hatte bis zu diesem Zeitpunkt verschiedene Phasen durchlaufen. Erst war er von Jesus begeistert, folgte ihm nach, war sogar bereit, mit ihm zu sterben. Dann begriff er langsam, welche Bedeutung Jesus für die ganze Menschheit haben würde. Also hat sein Glaube noch einmal an Tiefe und Weite gewonnen.

Doch dann kam die Krise. Es scheint, als sei mit dem Tod von Jesus auch der Glaube von Thomas gestorben. Selbst dem begeisterten Zeugnis der anderen Jünger, dass Jesus leiblich auferstanden sei, konnte er keinen Glauben schenken. Und dann erhielt er die einmalige Chance, selbst dabei zu sein, als Jesus wieder im Kreis der Jünger erschien. Jesus wusste genau, wie sehr Thomas gezweifelt hatte. Er kannte sogar Thomas' Wunsch, seine Hand in die Wundmale zu legen. Dazu forderte er ihn dann auch auf, als er ihm entgegentrat. Jesus hat Thomas keine Vorwürfe gemacht: »Warum hast du nicht geglaubt?« oder »Du bist ein schlechter Jünger.« Im Gegenteil, er hat ihn verstanden, ernst genommen, seinen Unglauben in Glauben verwandelt. Er hat Thomas eingeladen, den Glauben selbst zu überprüfen und mit seinem Unglauben zu Jesus selbst zu kommen. Genau das geschah, als der Auferstandene vor Thomas stand und ihm seine Wundmale zeigte.

Trägt Thomas den Namen »der Ungläubige« zu Recht? Ich denke, er war ein aufrichtiger Glaubender, der in seinem Glauben unterschiedliche Phasen durchlebte. In der direkten Begegnung mit Jesus fielen die Zweifel in sich zusammen. Er wurde ein Zeuge für die Auferstehung und verkündete sie dann an vielen Orten. Er lud viele Menschen zum Glauben an Jesus ein.

Bis heute wird Thomas als Apostel für Indien verehrt. Er soll nach Aussage der Apostellehre (Didaskalia, geschrieben etwa 250 Jahre n.Chr.) die ersten Gemeinden in Indien gegründet haben. Bei Origines findet man Hinweise, dass er den Menschen im Irak und Iran das Evangelium verkündet hat. Bis in den Süden Indiens soll ihn seine Reise geführt haben und um 70 n.Chr. soll er als Märtyrer in Mailapur gestorben sein. Obwohl wir letztlich nicht wissen, wie weit er wirklich bei seinen Missionsreisen nach Osten gekommen ist,

> **In der direkten Begegnung mit Jesus fielen die Zweifel in sich zusammen. Er wurde ein Zeuge für die Auferstehung und verkündete sie dann an vielen Orten.**

führen sich die ostsyrischen und indischen Christen sicher zu Recht auf Thomas den Apostel zurück.

Zweifel: Er gehört zum Glauben dazu

Auch im Laufe unseres Lebens durchläuft der Glaube verschiedene Phasen. Zweifel gehören immer dazu, genauso wie Phasen großen Vertrauens in Gott. Viele Beispiele von Menschen, die glaubten und dennoch auch zweifelten, finden wir in den Psalmen. So hat auch König David in Psalm 13 seine Zweifel vor Gott gebracht:

>»Bis wann, Herr? Willst du mich für immer vergessen? Bis wann willst du dein Angesicht vor mir verstecken? Bis wann soll ich mir Sorgen anhäufen in meiner Seele und traurig sein in meinem Herzen den ganzen Tag? Bis wann soll mein Feind sich über mich erheben? Schau doch her, gib mir Antwort, Herr, mein Gott! Lass meine Augen wieder strahlen, damit ich nicht im Tod versinke, damit mein Feind nicht sagen kann:›Ich habe ihn besiegt‹, und damit meine Bedränger nicht jubeln, weil ich zu Fall komme. Doch ich habe auf deine Freundlichkeit vertraut. Jubeln soll mein Herz über deine Rettung! Ich will dem Herrn singen, denn er hat mir Gutes getan.«*

Psalm 13

David wendet sich mit seinen Sorgen und seinen Zweifeln an Gott. Er klagt Gott seine Not. Zweifel können in Klagen umgewandelt werden und finden so einen Adressaten: Gott selbst. Wir sind in Zeiten des Zweifels nicht allein. Gott ist da! Wie David können wir unser Vertrauen ganz auf Gott setzen. Es geht dabei nicht um ein Gefühl, das wir erwarten und mit dem wir dann die Gewissheit erlangen, dass Gott uns gehört hat und erhören wird. Es geht um eine Entscheidung. David entscheidet sich, Gott zu vertrauen. Und zwar aus der Erfahrung heraus, dass Gott ihm schon Gutes getan hat. Die Folge ist das Lob Gottes, das noch nicht das Endergebnis sieht, aber fest mit Gottes Eingreifen rechnet.

Wenn jemand von Zweifeln geplagt ist, dann kann das unterschiedliche Ursachen haben. Es gibt Menschen, die grundsätzlich an allem zweifeln und innerlich immer hin und her gerissen sind. Das betrifft nicht nur ihren Glauben, sondern auch Entscheidungen, die sie im Alltag treffen müssen, wie z.B. die Berufswahl, die Partnerwahl oder ganz neutrale Dinge wie die Auswahl ihrer Kleidung für den Tag. Solche Menschen werden von vielen Zweifeln geplagt. Das wirkt sich auch auf ihren Glauben aus. Sie wissen irgendwie, dass Gott sie liebt und dass er einen guten Weg mit ihnen geht. Doch können sie ihm wirklich trauen? Oder wird Gott sie am Ende nicht doch enttäuschen? Ohne konkrete Hinweise beschäftigen sie sich theoretisch mit einer möglichen Enttäuschung, sodass sie im Fall der Fälle gewappnet sind. Hier hilft ein radikales Umdenken. Keiner kann und muss alles von zwei Seiten sehen. Jeder kann und darf sich ganz auf Gott verlassen. Was er sagt, das tut er auch. Was er verheißt, das wird geschehen.

Andere Menschen wiederum fangen an zu zweifeln, wenn ihnen Argumente gegen den Glauben begegnen und sie keine Antworten auf diese haben. Hier ist es wichtig, diese Anfragen ernst zu nehmen und nach Antworten zu suchen. Wenn wir ein neues Hobby haben, machen wir uns schlau. Wie lesen darüber, sprechen darüber mit anderen Anhängern dieses Hobbys, wir besuchen Kurse, lesen Fachzeitschriften. Der Glaube ist mehr als ein Hobby. Wie viel mehr Zeit und Kraft sollte ein Christ investieren, um seinen Glauben besser zu begründen, seinen eigenen oder den Fragen anderer Menschen auf den Grund zu gehen und sich weiter zu informieren?

Fest steht: Wir dürfen unsere Zweifel ernst nehmen und mit ihnen zu Gott selbst gehen. In den Psalmen erfahren wir, wie die Psalmbeter immer wieder vom Zweifel zum Klagen hin zum Glauben kamen. Diese Gebete können wir zu unseren eigenen Gebeten machen. Wenn wir Zweifel haben, sollten wir mit Menschen sprechen, die uns helfen können, und Gemeinschaft suchen, damit wir nicht mit unseren Fragen und Sorgen allein bleiben. Den Psalm 23 zu beten, kann uns in Zeiten des Zweifelns helfen:

>*Der HERR, mein Hirte ist er. Nichts wird mir fehlen. Auf grünen Wiesen lässt er mich lagern, zu stillen Wassern führt er mich. Neue Kraft schenkt er meiner Seele. Er führt mich auf der Spur der Gerechtigkeit, getreu seinem Namen. Gehe ich auch durch die nachtschwarze Schlucht, fürchte ich doch kein Unglück, denn du bist mit mir unterwegs. Dein Stock, dein Stab, sie geben mir Zuversicht. Du deckst vor mir einen Tisch direkt vor meinen Gegnern. Du salbst meinen Kopf mit triefendem Öl. Mein Becher ist randvoll. Nur Gutes und Freundlichkeit werden mich begleiten mein*

Leben lang und wohnen darf ich im Haus des HERRN bis in die fernsten Tage.«

Psalm 23

Letztlich ist der Zweifel ein Ausdruck von Glauben, denn ohne Glauben gäbe es keinen Zweifel. Eine Ermutigung zum Glauben und zur Unterstützung für alle, die zweifeln, findet sich in dem etwas unbekannten Judasbrief im Neuen Testament. Da heißt es:

»Doch ihr, von Gott Geliebte! Baut euer Leben auf dem Vertrauen zu Gott auf, das euch heilig und unantastbar sein soll, und betet in der Wirklichkeit des heiligen Gottesgeistes. Bewahrt euch selbst in der Liebe, die von Gott kommt. Erwartet dabei die liebevolle Anteilnahme unseres Herrn, des Messias Jesus. Sie wird uns zum ewigen Leben leiten. Wendet euch denen voller Mitgefühl zu, die von Zweifeln geplagt sind! Helft ihnen, indem ihr sie aus dem Feuer herausreißt! Nehmt euch der anderen an, doch voller Furcht, und haltet euch selbst von ihren Kleidern fern, die durch ihre gottwidrige Lebensführung verschmutzt worden sind. Doch dem, der in der Lage ist, euch zu bewahren und euch vor seinen unbeschreiblichen Lichtglanz hinzustellen, wo ihr ohne jeglichen Tadel und voller jubelnder Freude stehen werdet, ihm, dem alleinigen Gott, der durch unseren Herrn, Jesus den Messias, unser Retter ist, dem steht alle Ehre zu, alle Majestät, Gewalt und Vollmacht vor allen Zeitaltern und auch in der Gegenwart und bis in alle Ewigkeiten hinein. Ja, so soll und wird es sein!«

Judas 20-25

Glaube: Das Abenteuer geht weiter

Wenn wir glauben, setzen wir unser Vertrauen darauf, dass Gott in unserem Leben handeln wird. Von dieser Dimension des Glaubens spricht das griechische Wort *pistis*. Das Vertrauen führt uns in ein neues Leben. Gott erweist sich als vertrauenswürdig.

Wenn wir glauben, schenken wir Gott unser Herz und erfahren seine Liebe. Davon spricht das lateinische Wort *credo*. Wir beginnen zu lieben und werden durch den Heiligen Geist verändert.

Wenn wir glauben, bauen wir unser Leben auf das feste Fundament, das in Christus gelegt ist. Diese Wirklichkeit drückt das hebräische Wort *aman* aus. Wir erhalten die Kraft, im Glauben an Gott zu leben und zu sterben.

Unsere Zweifel sind bei Gott willkommen. Er will uns helfen, sie zu überwinden.

Ganz zum Schluss: Der Blick auf Jesus

Als Jesus und die drei Jünger auf dem Berg der Verklärung waren, heißt es am Ende:

> *»Plötzlich war es so: Als sie umherblickten, sahen sie bei sich niemand außer Jesus allein«*

Markus 9,8.

In der Leitgeschichte dieses Buchs, aus dem der Satz der Jahreslosung stammt, wird der Blick immer wieder auf

Jesus gelenkt. Er selbst ist der Handelnde. Das sehen wir in allen Einzelheiten der Geschichte:

- Jesus wird von Gott auf dem Berg der Verklärung vor den Augen und Ohren seiner drei auserwählten Jünger von Gott als sein Sohn geoffenbart.
- Jesus kommt mitten in die Menschenmenge hinein, die diskutierend und doch ohnmächtig mit ansehen muss, wie der Junge von einem bösen Geist hin und her geworfen wird.
- Jesus tadelt die Jünger, dass ihr Glaube immer noch so klein ist und dass er sich fragt, wie lange er es noch mit ihnen aushalten muss.
- Jesus redet mit dem verzweifelten Vater, zeigt ihm seinen Unglauben und ermutigt ihn zum Vertrauen.
- Jesus gebietet dem unreinen Geist und das Kind wird von diesem Dämon befreit.
- Jesus ergreift die Hand des Kindes und zieht es zu sich hoch. Der Junge ist frei!

Das alles zeigt, dass Jesus wirklich der von Gott Bevollmächtigte ist. Von sich selbst sagt er:

»Alles ist mir übergeben von meinem Vater, und niemand kennt den Sohn als nur der Vater; und niemand kennt den Vater als nur der Sohn und wem es der Sohn offenbaren will. Kommt her zu mir, alle, die ihr mühselig und beladen seid; ich will euch erquicken. Nehmt auf euch mein Joch und lernt von mir; denn ich bin sanftmütig und von Herzen

demütig; so werdet ihr Ruhe finden für eure Seelen. Denn
mein Joch ist sanft, und meine Last ist leicht.«

Matthäus 11,27-30, Lut 2017

In allem geht es um Jesus. Er akzeptiert den angefochtenen Glauben des Vaters und heilt dessen gequälten Sohn. Jesus hat sich nicht geändert. So wie er damals geholfen hat, so hilft er auch heute. Und er nimmt auch uns mit unserem Glauben, mit unseren Zweifeln bedingungslos an.

Wie kann das Abenteuer Glaube beginnen?

Gott wartet schon seit Beginn Ihres Lebens darauf, dass Sie ernsthaft nach ihm fragen, ihn suchen. Er möchte Ihnen begegnen und eine lebendige Beziehung zu Ihnen haben. Deshalb können Sie einfach beginnen, mit ihm zu reden, wie mit einem guten Freund oder einer guten Freundin. Schütten Sie Ihr Herz vor ihm aus. Er kennt Ihr Leben und Ihre Fragen, Ihre Zweifel und Ihre Sorgen. Und er wartet darauf, Ihnen zu helfen, Ihnen Trost zuzusprechen und Ihnen Auswege zu zeigen, von denen Sie noch nichts ahnen.

Vertrauen Sie ihm und laden Sie ihn ein, in Ihr Leben zu kommen. Bitten Sie ihn, Ihr steinernes Herz zu nehmen und Ihnen das lebendige Herz zu schenken, in dem er selbst durch den Heiligen Geist wohnt. Bekennen Sie ihm Ihre Schuld und vertrauen Sie darauf, dass er gerne vergibt und dass er Ihnen helfen wird, die Sünde zu überwinden.

Lesen Sie in der Bibel und lernen Sie Gott dadurch besser kennen. Beginnen Sie mit den Evangelien, den Berichten über das Leben von Jesus im Neuen Testament. Nehmen Sie eine moderne Übersetzung und schauen Sie genau hin, wie Jesus gelebt hat, was er getan und gelehrt hat.

Suchen Sie eine Gemeinde oder Gemeinschaft von Christen, die Ihnen weiterhelfen können, die Ihre Fragen beantworten und für Sie und mit Ihnen beten können. Vertrauen Sie auf die Verheißungen Gottes und warten Sie nicht auf Gefühle. Setzen Sie das um, was Sie aus Gottes Wort erkennen, und beginnen Sie so ein neues Leben: gemeinsam mit Gott.

Anmerkungen

1   Johann Wolfgang Goethe, Faust. Der Tragödie erster und
    zweiter Teil, hrsg. Von Karl-Maria Guth, Hofenberg im Verlag
    der Contumax GmbH & Co. KG, 2015, S. 123.
2   Johann Wolfgang Goethe, Faust. Der Tragödie erster und
    zweiter Teil, hrsg. Von Karl-Maria Guth, Hofenberg im Verlag
    der Contumax GmbH & Co. KG, 2015, S. 125.
3   Ruth A. Tucker / Walter Liefeld, Daughters of the Church,
    Women and Ministry from the New Testament times to the
    present, Zondervan Publishing House, 1987.
    Sandy Dengler, Susanne Wesley. Servant of God, Moody
    Press, 1987.
    Arnold A. Dallimore, Susanne Wesley. Die Mutter von John
    und Charles Wesley, SCM Hänssler, 1997.
4   Reformierter Bund, Heidelberger Katechismus, Frage 21, Neu-
    kirchener Verlagsgesellschaft mbH, 4. Auflage 2010.
5   www.inspirationalchristians.org/evangelists/lillian-tras-
    her-biography/
6   Ebd.
7   Hedwig von Redern, Weiß ich den Weg auch nicht. In: Ich will
    dir danken!, SCM Hänssler, 1991, Nr. 392.
8   Augustinus, zitiert in: Stefan Knischek, Lebensweisheiten be-
    rühmter Philosophen. 4000 Zitate von Aristoteles bis Wittgen-
    stein, Humboldt, 7., aktualisierte Auflage 2008, S. 237.
9   Nikolaus Hermann, Lobt Gott, ihr Christen alle gleich, In: Fei-
    ern & Loben, SCM Hänssler, Bundes-Verlag, Oncken Verlag in
    Zusammenarbeit mit dem Bund Freier evangelischer Gemein-
    den und dem Bund Evangelisch-Freikirchlicher Gemeinden,
    2003, Nr. 199.
10 Horatio Gates Spafford, It is well with may soul, Wenn Frie-
    de mit Gott meine Seele durchdringt (Mir ist wohl in dem

Herrn), übersetzt aus dem Englischen von Theodor Kübler.
In: Glaubenslieder, Christliche Verlagsgesellschaft Dillenburg,
2006, Nr. 219.

11 Grace Irwin, Rebell aus Liebe. Biographischer Roman, Christliche Literatur-Verbreitung, 1994.

12 Jonathan Aitken, Amazing Grace und John Newton. Sklaven-
händler, Pastor, Liederdichter, übersetzt aus dem Englischen
von Christian Rendel, SCM Hänssler 2014, Kapitel 32.

13 Augustinus, Inquietum est cor nostrum, donec requiescat in
te, Domine., conf. I 1.

14 Wer sich mehr mit dem Hintergrund des Neuen Testamentes
und der Frage nach den Fakten beschäftigen will, dem emp-
fehle ich das Buch: Roland Werner, Guido Baltes, Faszination
Jesus – Was wir wirklich von Jesus wissen können, Brunnen
Verlag, 3. durchgesehene und veränderte Auflage, 2017.

15 www.opendoors.de/christenverfolgung/weltverfolgungsin-
dex/weltverfolgungsindex-karte.

16 Traktat der ägyptischen Bibelgesellschaft.

17 Martin Mosebach, Die 21, Eine Reise ins Land der koptischen
Märtyrer, Rowohlt Verlag, 2018.

18 Dieter Ising, Johann Christoph Blumhardt – Leben und Werk.
Vandenhoeck & Ruprecht Verlag, 2002.

19 Johann Christoph Blumhardt, Evangelisches Gesangbuch 375.

20 Friedrich Würz, Hudson Tylor. Lebensbild eines Missionars,
Digitalisierung der gemeinfreien Ausgabe (erschienen um
1900 im Evangelischen Missionsverlag, Stuttgart) epubli
GmbH, 2016.

Roland Werner

Das Buch
Neues Testament und Psalmen, Taschenausgabe

Nach der vielbeachteten Übersetzung des Neuen Testaments legt Roland Werner nun auch die Psalmen vor.

Die kombinierte Ausgabe – NT mit Psalmen – hat das Ziel, Menschen des 21. Jahrhunderts mit Gottes Wort anzusprechen. Genauigkeit der Übersetzung, stilsichere Sprache, Verständlichkeit für heute – das sind die Kennzeichen der Übersetzung „das buch."

Diese Ausgabe im handlichen Taschenformat wird man gern zur Hand nehmen.

Gebunden, 12 x 18 cm, 822 S.

Auch als E-Book
und als Hörbuch

SCM

R.Brockhaus

ISBN 978-3-417-26198-1
Das Buch,
Neues Testament und Psalmen,
Motiv Klex
mit Gummiband

ISBN 978-3-417-26199-8
Das Buch,
Neues Testament und Psalmen,
Kunstleder

ISBN 978-3-417-26197-4
Das Buch,
Neues Testament und Psalmen,
Motiv Aquarellfarbe